筆尖上的成長

名師帶你讀作文

卷一

下

李震　主編

Contents 目錄

CHAPTER 02

審題立意

CHAPTER 03

真情實感

CHAPTER 04

思想厚度

CHAPTER 07 論證結構

CHAPTER 08

想像聯想

CHAPTER

09

修改潤色

CHAPTER

10

細節描寫

CHAPTER 11

文化氣象

CHAPTER 12

青春詩頁

CHAPTER **09**

修改潤色

內外兼修 優化表達
——作文修改潤色的認識與操作

南京市第五中學 沈中堯

（江蘇省語文特級教師、教授級中學高級教師）

「文章不厭百回改。」「十分文章，三分寫作，七分修改。」「好文章是改出來的，不是寫出來的。」不管是實說還是捎帶誇張，文章修改的重要性都是毋庸置疑的。只是需要特別指出的是：作文的修改潤色是一件內外兼修的事，大到篇章表達的契合題旨，中到內容結構的得當編排，小到遣詞造句的精准鮮活，不一而足。因此，不可將修改潤色簡單地理解為僅僅是有關語詞語句的修飾完善，也不要把對作文的修改潤色，完完全全當做只是成文之後的修修補補。而應當從宏觀到微觀，全面認識並針對操作地實現對作文的修改潤色。

一、以「切題」為要的修改潤色

作文，講求的是符合題意，所以，不管是話題作文、標題作文還是材料作文，「切題」都是作文的底線，也就是寫作的範圍、物件不能偏離命題的要求。其中，一是內容的確定，二是說法的確立。但由於命題要求、作文過程的種種因素影響，行文中，這兩方面的疏漏或不足又在所難免，也就需要適時地加以修改潤色，以保證確確實實地「切題」作文。

江蘇自主命題以來，二〇一三年首次採用材料作文的方式。面對「探險者與蝴蝶」的敘述性文字，大量的作文都是先歸結提出看法然後再展開議論，但見解的精准度和表述的深切度卻大不相同。不少提法或看法，貌似大同小異，卻是差之毫釐偏之千里。這當中，以談論「細節」為中心的，就有「要注重細節」、「細節決定成敗」、「小細節，大影響」等多種說法，如果稍加推敲就會發現，個中的不少提法或者說法，實則與材料中的人物及事件不能很好地匹配，甚至是無中生有。如果能根據材料的實況，對已有的看法做進一步的修改潤色，盡可能地讓語詞的概念、提法的表述都更為貼近材料的「原點」，譬如把「細節」一說改為「小舉動」，用「改變」來替換「成敗」，就能避免「脫離材料的內容或含義範圍的作文」。

　　通過修改潤色而確保切題作文，對標題作文來說，意義往往更大。因為標題作文強調的是符合題意作文。如果寫記敘文，一定要對時、地、人、事的相關內容做盡可能契合題意的修改潤色。如以「憂與愛」為題作文，在敘寫物件及境況基本明確的情況下，要通過修改潤色將「憂與愛」的情狀描摹出來。如果寫議論文，不要整體打包式地空泛議論標題的是是非非，一定要反復推敲觀點並對相應的說法、提法做積極的潤色修改。如以「拒絕平庸」為題作文，可以對標題做分解、添加、組合的修改潤色。「採用何種方式拒絕某一種平庸具有什麼樣的積極意義」的議論，與「拒絕平庸可以創造輝煌」的論斷相比，前者明顯契合題意又能顯現自我。

二、以「明旨」為核的修改潤色

　　作文的目的顯現作文的意義，「明旨」是作文價值的具體體現。根據不同的命題要求，在基本符合題意的基礎之上，為使作文的目的意義

更為明確獨到，需要有相應的修改潤色的操作。不管是敘述還是論述，只要考慮到如何更好地明確作文的主旨，都有一個對所採用或涉及的人事、物象做進一步修改潤色的思考。具體的想法和操作包括：採用如此的敘述、議論，本人的想法是什麼？如此的敘述、議論是否還能修改得更能體現自我的情感、態度、價值觀？

從標題作文的角度看，單一概念的標題像「好奇心」，基本上是靜態的，合成短語的標題就多了某種動態，像「懷想天空、品味時尚、拒絕平庸」，而像「人與路、憂與愛」這類標題，又特別強調雙向互動。寫標題作文，較為容易「以例解題」，就是用具體的人事或現象來解說標題的所指或能指。這種放大或膨化式的敘述或議論，少的就是表述的目的。物件未出圍，意思也對題，如何明確表述的主旨，需要的就是修改潤色的精加工。這就像一個高明的廚師，把可用的食材調製加工成一道有名堂的菜肴。像以「綠色生活」為題作文，在一系列或一件件可稱之為綠色生活的實例面前，如何顯現寫如此綠色生活的一些想法、一點分析、一種目的，必須刪減修改唱和的部分、增添潤色明旨的成分。

從材料作文的角度看，在不超出材料「固有範圍」的前提下，「明旨」的修改潤色更多的應當是在「反觀」材料的過程中一點點地實現。反，既是回頭更是反復，就是要仔細推敲概念、判斷、結論，有沒有完全剝離於材料而架空說道，所列舉的現象能不能與材料完全應證。

三、以「得體」為本的修改潤色

作文的「得體」，更多的應當是關於文體是否得當的思考。修正文體的紊亂，除了反復強調要強化作文的主體意識，真正懂得文體對於表達的重要以及相應的評價尺度，又是修改潤色而走向「得體」的基本條件。

作文，寫什麼是物件內容，為什麼是目的意義，用什麼是方式方法。方式方法相通，文體目的相關，顯情趣可以寫散文，表態度可以寫議論文，講理趣可以寫記敘文。在寫作目的基本明確的情況下，自然應當調用最為得當的文體加以表述。那種信馬由韁四不像的作文，除卻目的的飄忽不定，忽略了或不懂得文體的基本相貌也是成因之一。

首先要在表達方式的配置上，實現「得體」的修改潤色。無論哪一種文體，都有它基本的構成要素。記敘文，當以敘述描寫為主，議論文，當以論述分析為主。為主之「主」，內在的是全文的目的主旨，外顯的是文章的表達方式。「得體」的修改潤色，就是要強主弱次，淡化記敘文中的議論，簡化議論文中的敘述，把騰空出來的篇幅用來強化敘述中的描寫或論述中的闡發。

再就是要按「得體」的目標，經修改潤色而優化人事的描繪或問題的論述。同樣是人事方面的文字，用做敘述的意義表達，要儘量細化過程給形象潤色；用做論述的依據呈現，要儘量概述說明為論辯作陪。同樣是道理方面的文字，在以敘述為主的表達中，要儘量將它們做退居幕後的修改；在以論述為主的表達中，要儘量對它們加以潤色並推向前沿。

四、以「鮮活」為貌的修改潤色

對作文的開頭與結尾，行文之前的精心設計很重要，而成文之後的修改潤色，更能讓作文的頭尾與全文珠聯璧合相得益彰。以「鮮活」為貌，要把記敘文的開頭修改潤色得令人直入情境，要把議論文的開頭修改潤色得叫人欲探事理。結尾的修改潤色，記敘文要有餘音繚繞耐人尋味的韻味，議論文要有響鼓重錘發人深省的震撼。

作文主體部分的轉換與照應，是以「鮮活」為貌實施修改潤色的大

局。上下文之間的過渡和轉換講求的是局部與整體之間的協調，寫議論文，在把各段的段首句修改得盡可能協調的同時，要對段之間的層次階段加以潤色；寫記敘文，要回看段中詳略的安排並進行必要的調整，對段之間的線索加以潤色。前有所呼，後有所應，瞻前顧後的重要性自不待言。達到交代在前，回應在後；暗示在前，挑明在後；伏筆在前，解答在後的目標，克服作文寫到哪兒算哪兒的毛病，許多時候是需要借助修改潤色方能真正實現。

與此同時，以「鮮活」為貌，就要在修改潤色的過程中有心穿插和調用某些句式與修辭。假如能在句子的外在形式與內在含意之間做適度的句式方面的修改或潤色，往往言簡意賅而事半功倍。而議論的氣勢、敘述的形象、散文的情趣，又都少不了修辭的功用。對作文已有的文句進行修改潤色，可以根據作文的中心及採用的文體，為凸顯特色達到「三顯」，即「顯氣勢、顯形象、顯情趣」而用心運用相應的修辭手法。

總體上看，作文的修改潤色無外乎增、刪、調、換等幾種方法，但從切題、明旨、得體、鮮活等作文的終極目標看，修改潤色實際上是一個貫穿於作文全過程的思維活動，包括思考與分析、組織與關照、設計與編排的每一個環節。因此，認真分析、仔細體會、用心比對修改潤色的前前後後，發現並清楚任一修改潤色的目的意義，對於提高動筆行文之前、落筆行文之中、擱筆成文之後的各式各樣的修改潤色的水準，定大有裨益。

為生命著色

陳思苗

江蘇省新海高級中學二〇一三屆

愛東野圭吾，愛曹雪芹、張愛玲。希望能以一己之力實現理想，再者改變世界。

相信人生路是不會太平坦的，但相信主觀能動性是成功的保證。

熱愛生活，相信未來！現考入華中科技大學。

閱讀下面的材料，根據要求寫一篇不少於八百字的文章。

聞一多在《色彩》中吟道：生命是一張沒有價值的白紙，自從綠給了我發展，紅紅了我情熱，藍教給我以高潔，粉紅賜我以希望，灰白贈我以悲哀……從此以後，我便溺愛於我的生命，因為我愛它的色彩。

人生的色彩無不從一張白紙開始，用心中七彩的筆，描繪出屬於自己的色彩。

請以「為生命著色」為題，寫一篇文章，自選角度，文體不限。

【原文】

落了許久的雨，天突然晴了。心理上就覺得似乎揀回了一批失落的財寶。天的藍寶石和草的綠翡翠在一夜間又回到晨窗中間了。陽光傾注在建築間，像一盅稀薄的葡萄酒。

懷念這樣的清晨，明媚清新的景使整個社區灰色的建築群都顯得柔和多了。我戀戀不捨地收回目光，取了習題來做。我的成績使我不得不改變自己對待生活的態度，就如同此刻，我得告誡自己：「柔媚的陽光會熔化人的意志力，而你現在，要用緊鑼密鼓來成就接下來的生活。」心黯了一黯，一定要把高中三年過成黑白兩色調嗎？這樣才能是摒除雜念一心一意地學習嗎？最美的這段青春時光

註定是要湮沒於書海之中，被印上鉛字的顏色啊。

　　我看了看今日的任務，多得出奇。在數學的泥淖裡苦苦地掙扎了許久，還是有道題穩如泰山地盤踞在面前，任憑我東西南北中各方向拼死突圍，依舊是紋絲不動。我頭腦充血，心中也愈發浮躁，終於忍不住下樓換換心情。

　　思維渙散的、情緒低落的我來到院中，糾結著現在是不是在浪費時間。但逐漸地，清新的空氣讓我忘掉一切。地上還留有幾塊小水窪，光線彷彿是靈巧的遊魚貼著水面，一片清亮。陽光的甜意也越發濃厚了，一切的陰霾都會被這樣的陽光鍍上金邊，然後消逝在無邊的溫暖裡。

　　我在石凳上坐下，望向可愛的低矮的灌木叢，不經意間，在底下居然發現了一排圓頂小蘑菇！是真正的野生的、千姿百態的小蘑菇們。一個是天藍色的圓頂，細長的柄斜斜地彎著，纖弱文氣；旁邊的那朵根粗壯些，褐色的頂翻在一邊，它底下還有兩小朵圓球狀的小咕嘟，活像柔軟的小按鈕，真是奇妙！我蹲在地上，聞著菌類特有的清香，望著這群小巧美麗的蘑菇，神清氣爽。如果不把自己的生活封鑒在黑白二色中，善待自己的青春年華，欣賞這五光十色的大千世界，會有多少意外的欣喜呢？

　　回到家裡，心情明朗得五顏六色，題目居然也順利地做完了。彷彿當一團鬱積的物質被沖散，我的世界明亮起來時，一切就都暢通無阻了。傍晚坐在陽臺上，看著無邊綿延的雲霞感受著音韻起伏的暮光。我想，生活本應如此，但有時總會捨本逐末，多少青春，多少年華沒有來得及上色就從指尖漏掉了。世間許多動人的情節就這麼被虛擲、被辜負了。著實可惜。鮮活的生命不應被如此冰冷地對待啊，所以不要辜負美好的時光，不要丟棄生活中的小歡喜，都讓它們在生命歷程中留下自己的色彩吧，繪出一幅獨屬自己的七彩畫卷。

本文是作者一篇高二考場作文。語言生動典雅，觀察專注細緻，細節描寫流光溢彩，事與理轉化糅合自然，這些均是此文明顯的優勢。

　　因一道不能破解的數學難題心煩意亂，後在自然美的感悟下「神清氣爽」，順利完題，本文構思稍顯俗套。

　　發現蘑菇是本文情感轉化的關鍵節點，本文對此作了一番精細描摹，處理到位。但與此相照應的議論抒情只一句，雖與第二節內容能做到照應，但在主旨的凸顯上還是略顯單薄。

　　個別處過渡稍顯突兀，例如第二節第一句話「懷念這樣的清晨，明媚清新的景使整個社區灰色的建築群都顯得柔和多了」，刪去會使上下文銜接更為緊湊密緻。

【修改潤色】

　　落了許久的雨，天突然晴了。心理上就覺得揀回了一批失落的財寶。天的藍寶石和草的綠翡翠在一夜間又回到晨窗中間了。陽光傾注在建築間，像一盅稀薄的葡萄酒。淺紫色的微光蔓延，鋪展到天際深處。

　　很久未能觀賞到這樣的晨色了，高中的生活總要以緊鑼密鼓的基調來成就，讓人在努力地保持昂揚的姿態時，也難掩眼角的疲憊。比如現在，我拉上窗簾，深呼吸，催眠自己最美的青春歲月是在鉛字的映襯中才盡顯其珠玉光澤。然而，內心的妥協、無力之感卻如觸到冰冷的大理石時的涼意，絲絲蔓延。

　　任務多得出奇，我強打著精神與數學搏鬥，終在泥淖裡掙扎陷落。收拾了凌亂的草稿紙，認命地看了參考答案。我拍了拍充血而

昏沉的腦袋，決定放自己一個小假，至少能蓄養充足的熱情再來一輪。

　　思維渙散的、情緒低落的我來到院中，清新的空氣讓我精神大為一振，暫態忘掉一切。地上還留有幾塊小水窪，光線彷彿是靈巧的遊魚貼著水面，蕩出一片清亮的光影。陽光的稠意也越發濃厚了，一切的陰霾都會被這樣的陽光鍍上金邊，然後消逝在無際的溫暖裡。

　　我望向可愛的低矮的灌木叢，不經意間，在底下居然發現了一排圓頂小蘑菇！是真正的野生的、千姿百態的小蘑菇們。一個是天藍色的圓頂，細長的柄斜斜地彎著，纖弱文氣；旁邊的那朵根粗壯些，褐色的頂翻在一邊，它底下還有兩小朵圓球狀的小咕嘟，活像柔軟的小按鈕，幼滑可愛。我蹲在地上，聞著菌類特有的清香，望著這群小巧美麗的蘑菇，神清氣爽。

　　這已是遠離我生活的美麗了。遙想孩提時期的我，在雨後的清晨，耐心地找尋著圓頂小蘑菇，金色的陽光，碧綠的叢林，湛藍的蒼穹，七彩的生活，都曾離我那麼近啊。試想如果不把自己的生活封鎖在黑白二色中，善待自己的青春年華，欣賞這五光十色的大千世界，會有多少意外的欣喜？一味地追求過人的努力，渴望著令人羨慕的才華，渴望在最短的時間內達到最多的成就，攀上最高的山峰，卻忘卻了那最本真最曼妙的「生活」二字，應被塗抹上絢爛的色彩，在青春的年月裡綻放。

　　彷彿當一團鬱積的物質被沖散，我的世界明亮起來時，一切就都暢通無阻了。傍晚坐在陽臺上，看著無邊綿延的雲霞感受著音韻起伏的暮光。我想，生活本應如此，但有時總會捨本逐末，多少青春，多少年華沒有來得及上色就從指尖漏掉了。世間許多動人的情節就這麼被虛擲、被辜負了。著實可惜。所以不要辜負美好的時光，不要丟棄生活中的小歡喜，都讓它們在生命歷程中留下自己的

色彩吧，繪出一幅獨屬自己的七彩畫卷。

本文修改的最大之處在增加了一段抒情議論的文字，這樣更有助於凸顯主題。

當下生活的黯淡與孩提時期的絢爛相對比，自然引出深化主旨的議論，這是修改的重點，也是更勝一籌之處。第一段刪去「似乎」二字，末尾添上一句「淺紫色的微光蔓延，鋪展到天際深處」，情感表達更為強烈直接，開篇更為亮眼。二、三段修改後過渡自然多了，尤其「內心的妥協、無力之感卻如觸到冰冷的大理石時的涼意，絲絲蔓延」比喻極為細膩熨帖。

但個別語句的刪改卻少了原文的味道。原文「在數學的泥淖裡苦苦地掙扎了許久，還是有道題穩如泰山地盤踞在面前，任憑我東西南北中各方向拼死突圍，依舊是紋絲不動」，修改後如下：「我強打著精神與數學搏鬥，終在泥淖裡掙扎陷落。」原文中幽默風趣的無奈感明顯被打了折扣，少了幾分感染力。

李春芹

留一點空間

閆婷

江蘇省贛榆高級中學二〇一二屆

一支筆，一張紙，一份感情，表達內心的渴望，書寫世界的繽紛。

喜歡在情感驛站散步，亦享受于朦朧煙雨撐傘。現就讀於江南大學。

【原文】

留一點空間

爸爸，留一點空間給自己，好嗎？

歲月的車輪在你的臉上留下了千溝萬壑，原本濃密的黑髮如今稀疏灰白，兩隻溫暖寬厚的大手比院子裡的楊樹皮還要粗糙，可你卻依舊像一頭老黃牛在大地上勤勤懇懇地為我們辛勞。

左腳踏進了明天，右腳就踩碎了流年，漸漸走近的不是去年的夏天嗎？

自家的老柳樹在綠化政策中只剩下光禿禿的木墩子，太陽就這樣直曬下來了。我們一家人躲在電風扇的安慰裡，空氣沉悶得比外面的熱浪還要讓人喘不過氣來，我知道，下個學期的學費還沒有著落呢！你坐在那裡足足有兩個小時了，腳邊的煙蒂還有幾根帶著星點火花。又一個小時過去了，你那緊皺的眉頭終於在煙霧繚繞中舒展開來，我和弟弟就像被從囹圄中釋放出來，沒有了負罪感，只感到希望的快樂，你慢慢吐著煙霧，「我去修橋！」四個字把我們嚇了一跳。

「不行！」媽媽、弟弟和我同時響應，可你做的決定，九頭牛也拉不回來。

在風扇的最大風級下，我依然汗如雨下，可你卻要在工地上付出更多的汗水。我沏好了茶，在十一點的鐘聲中等待你的摩托車聲。有一天，我實在忍受不了等待的煎熬，便騎著自行車去找你。中午的太陽像發了瘋一樣把萬物烤焦，幾隻知了懶懶地叫著，風也跑去避暑，而你呢？你拼命地抬起鋼筋，超重的負荷把你的骨骼壓得吱吱作響。你努力地把脊背彎成一張弓，兩隻腳死命地扣緊地面，汗水淌進眼裡，辣得睜不開眼，而鞋子裡早已像和泥一般滑，你就這樣拼命地撐著……

我沒有叫你，只是推著車子走了，淚滑落過臉頰，在一片愛的朦朧中我摸回了家，依舊沏好了茶，等待十一點的鐘聲湮滅在摩托車聲中。

我們並不是執拗地不讓你去修橋，而是我們都知道你不能幹重活，你沒有和我說過為什麼脖子會疼，但醫生已下過死命令：絕不能幹重活！

暑假結束了，你捧著幾千塊錢工錢笑靨如花，可我卻偷偷地哭了，因為我每晚都能聽到你因疼痛而呻吟，爸爸，我知道你是為了我們，可你在透支你的生命啊！

爸爸，你一直都把你的一切給了我和弟弟，我好想為你捶捶酸痛的腰，為你洗洗起了厚繭的腳，好想在你的晚年塗抹滿天絢麗的彩霞。爸爸，我們已經長大了，請你為自己在心裡留下一點空間。

爸爸，答應我，留一點空間給自己！

考場作文，限時寫就。本文的優點很明顯：立意平凡中透著新奇，看似平凡的小事卻蘊含著深刻的生活道理，充滿一種厚重的生命意識，觸動讀者的心靈，激發閱讀欲望；入題迅速，乾淨俐落，一句「爸爸，留一點空間給自己，好嗎？」直擊讀者

心靈深處最柔軟的神經；內容樸實小巧，獨闢蹊徑，從家長里
短中獨取「父親修橋」這個切口抒寫父愛，構思新穎獨特，材
料真實生動，富有感染力，寫來與眾不同；語言親切流暢，質
樸中不失華美，清淨中不乏雋永，有極強的表現力，值得品
味；文章非常善於通過多種描寫手法，表現細膩的情感。

不足之處：入題後，描寫與渲染過多，點題稍遲。敘多議少，
從高考高分作文的共性特點看，本文若能多處點題或許更好。
此外，過渡略快，有點突兀。

【修改潤色】

憂與愛

當華美的葉片落盡，生命的脈絡歷歷可見。憂與愛，滲浸到世
間萬物，上演著最真實的平凡……

左腳踏進了明天，右腳就踩碎了流年，打開塵封許久的記憶，
推開緊固的時間之門，那徐徐走近的不是去年的夏天嗎？

太陽把七色的花朵投在成千上萬的枝條上，街道兩側的楊柳漲
滿了綠色的帆，但鉛灰色的水泥路散著灼人似的炙熱。你在門外柳
樹過濾後的點點陽光裡靜坐足足有兩個小時了，那塊生命深處佈滿
綠蘚的青石旁散落著仍冒著星點火花的煙蒂。我知道你又在為我和
弟弟下個學期的學費發愁。雖然你忍著冬日烈肌砭骨的寒冷，流著
夏日鹽鹼般的汗水，但家裡的光景仍像篩子一樣到處是窟窿眼。又
一個小時過去了，那緊鎖的眉頭終於在煙霧繚繞中漸漸舒展開，我
就像被從囹圄中釋放了出來沒有了負罪感，你背著兩手踱到屋內，
鄭重地吐出四個字：「我去修橋」。

我們同時搖了頭，可你做的決定九頭牛也拉不回來。於是，你
便像一頭老黃牛把所有的汗水都灑在這黃土地上，而我把風扇調到

最大風級仍汗如雨下，我望著鐘面，渴望著十一點沉悶的鐘聲在你的摩托車聲中到來，可有一天，我實在忍受不了等待的煎熬，便踩上腳踏車來到工地。

幾隻知了懶洋洋地叫著，流水從橋底流出奔向遙遠的天邊，太陽似乎要把萬物烤焦連風都跑去避暑。你拼命地抬起鋼筋，超重的負荷把曾引以為傲的腰板壓成一張弓，兩隻腳死命地扣緊地面，挽起的褲管早已泥濘不堪，太陽就那樣直曬下來，汗水像小溪一樣在臉上縱橫淩流，可你根本騰不出手去揩一把，眼睛被汗水醃得火辣辣地疼，一路上只能半睜半閉……

我想起了〈伏爾加河上的縴夫〉中的艱辛和沉重，時間瞬然停止，空曠的工地寂寥無聲，我甚至聽見自己鬢角的血管在咚咚地跳動，我不敢去驚動你，只是讓不知是汗還是淚放肆地潤濕了那個夏天。

爸爸，多年前的那一摔已經讓醫生下了死命令，你不能再幹重活了，所以我們不答應你去修橋。我知道你愛我們，可是我們也愛你啊，我們不會原諒自己讓你透支生命來愛我們的！爸爸，你擔憂我們的學費，擔憂我們的未來，可知我們在擔憂你的健康啊？爸爸，答應我，別再幹重活了，好嗎？你也該坐下來好好歇歇了，請讓我為你捶捶那酸痛的背，讓我為你端上一盞清心的茶，讓我在你的晚年塗抹那絢麗溫暖的愛的陽光……

當華麗的葉片落盡，生命的脈絡歷歷可見。風華是一指流沙，蒼老是一段年華。你的樹幹早已粗糙的如佈滿老繭的手掌，而我在你的身邊風華正茂，力爭上游雖是青春的主打歌，但我願意打開憂與愛的枝葉為你遮風避雨……

憂與愛，憂即是愛，愛即是憂最真實的平凡……

原文幾處內容，經過作者巧妙增改，更加出彩：

一是新增的「〈伏爾加河上的縴夫〉中的艱辛和沉重……」一段，使選材上大開大闔，內容更加豐實，也給讀者以聯想和想像的空間，引發讀者對勞動者的敬重與對生命的尊重，使主題走向了深遠，這一做法很好地處理了「小生活」與「大主題」關係。

二是語言生動華美中更增張力，清淨透徹，有著超凡的表現力，令人回味。如「太陽把七色的花朵投在成千上萬的枝條上，街道兩側的楊柳漲滿了綠色的帆」，非一般寫手了得。

三是景物描寫、細節描寫、修辭等手法，嫻熟運用，在不著痕跡中盡顯細膩的情感。如新增的：「……風華是一指流沙，蒼老是一段年華。比喻、對比中精彩生動地寫出了父親的無私付出與「我」的感恩與愧疚。

王曉華

不一樣的眼光

陳舒曼

江蘇省東台中學二〇一二屆

幼年學棋，戀上這小小棋盤上金戈鐵馬的角逐。

棋如人生，心中時常裝著一盤人生的大棋，才能不斷搏擊人生，彰顯生命的光輝。

喜歡在午後暖暖的陽光裡讀書寫字，或是在午夜靜謐的星空下享受寧靜。

現就讀於蘇州大學。

請以「不一樣的眼光」為標題，寫一篇文章。

要求：（1）除詩歌外，文體不限；（2）不少於八百字；（3）不得抄襲。

【原文】

你看到陽光下跳舞的灰塵了嗎？

在你的書桌前，在你的窗臺邊，在你院子裡天竺樹的枝葉間，你看到陽光下快樂舞動的灰塵了嗎？像一個個小小的精靈的灰塵……

這是一個陽光燦爛秋日的清晨。

拉開窗簾，讓陽光透過透明的窗戶跳進來，爭著擠著充滿我的臥室。我打開窗戶，閉眼嗅著清晨陽光和晨風的味道，混合著昨夜露水的讓人心曠神怡的味道。又是美好的一個開始。

站在未封的陽臺上，靠著牆，我享受著清晨的美好。猛然睜開眼，從這個角度，剛剛好看到飛舞的細小纖維與灰塵。我忽而心中一喜，原來灰塵會跳舞呵！

我雙臂伏在陽臺上，支撐著腦袋，我的眼睛一眨不眨地望著徐徐下落於無色空氣中的灰塵們。它們時而緩慢，時而加快了速度，

時而又不停地翻滾、不停地飛旋而下……微微的帶著桂花與菊花香氣的秋風忽爾伸手一拂，無數無數細小的灰塵們便糾纏到一起，跳起了雙人舞、團體舞……陽光下，灰塵們的小小身體上，反射出極其炫目的七彩光芒，好像春日裡天空中傳來的最動聽的歌似的。我不由地看癡了。

好久好久，直到陽光悄悄溜到院子裡的花叢中，我才發現眼睛早已酸澀。閉眼休息了一會兒，再睜開眼時已經不見了那些舞得歡快的灰塵們——它們隨陽光和清風走了。

不斷地變換視角，我終於又看到了活潑靈動的灰塵們。躍下樓梯，一路跟著它們來到天井裡。

陽光透過天竺的枝葉，落在地上，形成了一片片斑駁的暗色剪切畫。灰塵們仍是耐不住寂寞與黑暗，在天竺的片片綠葉、紅葉上，蹦蹦跳跳地尋找陽光的足跡。我一動不動地站在那兒，眼光卻隨著快樂舞動的灰塵上躍下跳，左旋右轉。此時此刻，我覺得不光是我的眼睛，連我的心都跟著它們跳起來了，舞起來了。甚至於身體也想在陽光下和灰塵們共舞。

這些可愛靈動的灰塵們！這無與倫比美妙舞蹈！這大自然神奇的創造力！

真是美麗的一天。

那個秋日的清晨，我與灰塵們在陽光下邂逅，我有幸地欣賞了一場盛大的心與自然的舞會。如今想來，我的幸，也許，應給就是與旁人在此處有不一樣的眼光罷了。其實，再小的事物，在陽光下，都會有奪目的光彩與靈動的心。

本文亮點有二：一是獨特的審美視角，寫的是陽光下的「微塵」，角度纖巧，表現出作者對生活的觀察體悟非常深入。二

是即小見大的功力。作者表面上寫「微塵」，實際是借「微塵」來告訴我們一個人生哲理。即使我們再小再卑微，也可以有閃光的時候。語言清新明快，有不少句子形象而傳神，富有新奇之美。文章的不足主要表現在末尾點題的力度不夠，甚至還有「點偏」之嫌，這成了本文的關鍵。可能是考場上的「急就章」，文理也有不通之處，應作修改。

【修改稿】（畫線字體為修改後的文字）

不一樣的眼光

你看到陽光下跳舞的灰塵了嗎？

在你的書桌前，在你的窗臺邊，在你院子裡天竺樹的枝葉間，你看到陽光下快樂舞動的灰塵了嗎？像一個個小小的精靈的灰塵……

這是秋日的一個陽光燦爛的清晨。

拉開窗簾，讓陽光透過透明的窗戶跳進來，爭著擠著充滿我的臥室。我打開窗戶，閉眼嗅著清晨陽光和晨風的味道，混合著昨夜露水的讓人心曠神怡的味道──又是美好的一個開始。

站在未封的陽臺上，靠著牆，我享受著清晨的美好。猛然睜開眼，從這個角度，剛剛好看到飛舞的纖塵。我忽而心中一喜，原來灰塵也會跳舞呵！

忽然又想到兒時。那也是一個秋日。

記得當時和鄰家的幾個夥伴一起遊戲，猛然拉開窗簾時，我只覺眼前一片光明，接著，眼中竟看到了無數隨陽光落下的、散發著絢爛光芒的灰塵！我一動不動地望著舞動的灰塵，無意識地問身邊的夥伴們，你們有沒有看到什麼？他們愣了愣，摸摸腦袋，轉而莫名其妙地看向我，什麼啊？只有太陽和牆啊……我心中莫名失望，

褪抬頭望向窗外，真可惜，他們都看不到這美麗的灰塵在跳舞嗎？

思緒回轉，我又想，也許從那時起，我就發現了灰塵的這個「秘密」了吧？

我雙臂伏在陽臺上，支撐著腦袋，我的眼睛一眨不眨地望著徐徐下落於無色空氣中的灰塵們。它們時而緩慢，時而加快了速度，時而又不停地翻滾、不停地飛旋而下……微微地帶著桂花與菊花香氣的秋風忽爾伸手一拂，無數無數細小的灰塵們便糾纏到一起，跳起了雙人舞、團體舞……陽光下，灰塵們的小小身體上，反射出極其炫目的七彩光芒，好像春日裡天空中傳來的最動聽的歌似的。我不由地看癡了。

好久好久，直到陽光悄悄溜到院子裡的花叢中，我才發現眼睛早已酸澀。閉眼休息了一會兒，再睜開眼時已經不見了那些舞得歡快的灰塵們——它們隨陽光和清風散步去了。

不斷地變換視角，我終於又看到了活潑靈動的灰塵們。躍下樓梯，一路跟著它們來到院子裡。

陽光透過天竺的枝葉，落在地上，形成了一片片斑駁的暗色剪切畫。灰塵們仍是耐不住寂寞與黑暗，在天竺的片片綠葉、紅葉上，蹦蹦跳跳地尋找陽光的足跡。我一動不動地站在那兒，眼光卻隨著快樂舞動的灰塵上躍下跳，左旋右轉。此時此刻，我覺得不光是我的眼睛，連我的心都跟著它們跳起來了，舞起來了。甚至於身體也想在陽光下和灰塵們共舞。

這些可愛靈動的灰塵們！這無與倫比美妙舞蹈！這大自然神奇的創造力！

真是美麗的一天。

那個秋日的清晨，我與灰塵們在陽光下邂逅，我欣賞了一場盛大的心與自然的舞會。如今想來，我的幸，也許，應該就是與旁人在此處有不一樣的眼光罷了。其實，再微小、再粗鄙的事物，都會

有光彩奪目的一面，只是這光芒，需要等一雙不一樣的眼睛去發現。那時，它們都將顯得無比美麗與靈動！

作者在老師點評的基礎上作了認真的修改，可圈可點。特別可喜的是，修改過後文末不僅點題到位，而且，還作了昇華，使得文章具有很強有時代色彩，很好的教育意義。作者這一修改，讓我們感覺，她不僅有了一定的眼力，而且還具備了一定的分析與解決問題的能力。

王兆平、胥照方

理解

吳滁清

江蘇省灌南高級中學二〇一三屆
愛好廣泛，喜歡在閱讀中觀照生活，感悟人生，
曾獲江蘇省「蘇教國際杯」作文大賽一等獎。現考入湖南大學。

　　曾經的從前，有一片潔白的雲劃過天際，而我，從未知曉；後來，有無數片雲行走於天際，而我，何時能理解那藍天下默默的行走？那些雲——你的愛，默默行走在我人生的天空，如今，我也應該理解了吧，可事實……

　　理解就如同遠在廣寒宮裡的嫦娥一樣，曾經讓我感到遙不可及。它太抽象，又無形，所以我常常在不經意間將它忘卻。

　　小小少年，不夠健全的人生觀被無數個密密麻麻的貪玩因素填充了。現在想想，真是無法理解小時候怎麼就會對那些無聊幼稚的遊戲癡迷了，或許就是它們耽誤了我那稚嫩的理解的成長。一群小孩子，好好地分了工，爸爸，媽媽，孩子，百玩不厭的「家家酒」又開始了。永遠也忘不了，有一次回家遲了不少，一開家門就看見你氣得紅彤彤的眼睛。當時的我可被嚇傻了，因為你衝進裡屋拿了掃帚出來，把我拽過去就用掃帚柄打我。忘了是夏天還是冬天，只記得被你打到的地方腫得老高老高。

　　現在，我長大了，才知道那雙紅紅的眼睛不是氣出來的而是哭出來的。那根硬硬掃帚柄上連著的是你顫抖的手，我的痛連著的是你痛楚的心。你寧願打我，以此告誡我以後不要亂跑，你不想用一時心軟換取我以後的消失。你是那麼愛我，那麼怕失去我……

我漸漸地長大，一路走來，路上灑下了你太多的汗水與淚水。年一過，二十了，有時還是會不經意地將理解關壓腦後，但慶倖的是它沒有被我打入冷宮，我想也永遠不可能。因為你的愛太濃太烈。成長路上，學習成績成了你我之間重要的話題視窗，也是一顆極易引爆的不定時炸彈。不知為何我平靜的心總會因你一些有關學習的話語而變得波濤洶湧，急躁難耐，而後對你大吼大叫，狠狠地傷害你一把，還總把你弄哭。我無從知曉，為何一到那個時候，「理解」就請假，也不知我怎麼就准假的。總是在夜深人靜時，理解才回到我的心裡，於是淚流滿面，後悔的劍一下一下刺痛了心房。後來，我乾脆把劍刺向了理解，讓它身負重傷，又把它關進了在我心裡的最中央的一個牢籠。它安心了，於是，你的寬容也多了。

　　現在，理解又被我放了出來，可它不再亂跑，因為我已經學會了，愛上了藍天下默默行走的雲，人生中默默行走的你的愛。

　　媽媽，看見了嗎？理解在對著我微笑！

　　全文通過幾個人生階段對「理解」的不同理解，寫出了自己的真切感受，而且很多句子較有韻味。主要的不足在於：把「理解」生硬地穿插其中，顯得有些不倫不類。有些詞語的運用也是如此。如此寫法，使得這篇作文只能在四到三類卷徘徊，假如在語句以及結構上重新作些調整，可能上升一個層次。

【修改稿】（畫線字體為修改後的文字）

　　在我人生的天空，曾經有潔白的雲悄然劃過天際，而我，<u>一直不曾瞭解</u>；後來，<u>有無數片雲在我的藍天默默飄過，而我，卻還是不能理解</u>；如今，長大的我也應該理解了吧，那些雲——你的愛，

可事實⋯⋯理解就如同遠在廣寒宮裡的嫦娥，讓我感到遙不可及。它抽象而又無形，讓我常常在不經意間將它忘卻。

　　年少的我，在玩耍中的時光裡一天天長大。現在想想，真是無法理解小時候怎麼就會對那些無聊的遊戲癡迷不已。一群小孩子，簡單地分了工，爸爸、媽媽、孩子，百玩不厭的「家家酒」又開始了。有一次，<u>玩到夜深人靜，你要我早些回家的叮嚀早已忘在腦後</u>，等到一進家門，就看見你坐在屋角的凳子上，<u>眼睛紅彤彤的</u>。你沖進裡屋拿了掃帚出來，把我拽過去就用掃帚柄使勁地打。<u>當時的我被嚇傻了，竟然忘記了哭泣</u>。忘了是夏天還是冬天，只記得被你打到的地方腫得老高老高。<u>那時，我在心中竟然記恨你，不理解你為什麼那麼對待我</u>。我只知道，被打疼的痛楚讓我刻骨銘心。

　　很久以後，我才知道那雙紅紅的眼睛不是氣出來的而是哭出來的。那根硬硬掃帚柄上連著的是你顫抖的手，我身體的痛連著的是你痛楚的心。<u>你打我，是為了告誡我以後不要亂跑</u>。你是那麼愛我，可年少的我怎麼就不能理解你的感受呢？

　　我漸漸地長大，一路走來，<u>這一路上灑下了你多少的汗水與淚水？</u>一眨眼，我已經二十歲了，可有時還是不能理解你對我的關愛。你的愛太濃太烈。成長路上，我的學習成績成了你我之間<u>永恆不變</u>的話題，也是一顆極易引爆的不定時炸彈。稍微一觸碰，就很可能在你我之間引起情感的爆炸。不知為何，我平靜的心總會因你一些有關學習的嘮嘮叨叨而變得波濤洶湧，而後對你就是驚濤駭浪般地大吼大叫，狠狠地傷害了你，<u>還常常讓你躲在臥室裡痛哭</u>。我<u>無法知道</u>，為何一到那個時候，<u>我就不能理解你的良苦用心</u>。有時會在寂寞無人的時候，我才想起你的好，才會理解你，後悔的劍一下一下刺痛了心房，於是淚流滿面。

　　現在，<u>我終於理解了你──媽媽，因為我已經漸漸懂得，愛就是理解，就是相互寬容</u>。正如天上兩朵雲與雲的碰撞，會在你我的

原文經過作者的修改潤色，亮點不少：

第一，層次更加分明。年少的我不理解媽媽當時為什麼那麼對待我，很久以後才理解「你打我，是為了告誡我以後不要亂跑」。長大的我不能理解媽媽的良苦用心，只會在寂寞無人的時候，我才想起媽媽的好，才會理解媽媽。現在，漸漸懂得，愛就是理解，就是相互寬容。

第二，刪去了一些不倫不類的詞語句子。如「不夠健全的人生觀被無數個密密麻麻的貪玩因素填充了」。詞語運用得體。

第三，句式作些調整。如開頭改成了「在我人生的天空……」，結尾成了「媽媽，因為我已經漸漸懂得……」。這樣，顯得緊湊、合理。

徐虹

明月百年心

陳昌嬡

江蘇省新海高級中學二〇一三屆

不上流，不下流，明明是個小人物，卻夢想做個俠客。渴望著一日，
自己也能和著月光蘸點藍墨水，在鏡子上寫詩。
偶而也窩在家裡偷偷地嘲笑，不屑與這個世界打交道。現考入北京大學。

【原文】

　　明呂坤：「史在天地，如形之景。人皆思其高曾也，皆願睹其景。至於文儒之士，其思書契以降之古人，盡若是已矣。」而我對杜甫，亦有此情此感。

　　中國幾千年歷史，浩浩蕩蕩，我再不曾看過偉魄如杜甫者。流亡顛沛，目睹人世種種閦狐狡兔，既不心灰意冷退隱山河，亦不曾隨波逐流甘於下賤，無論何時，他呈現於世人的始終是那副高貴的氣象、悲憫的姿態。他以詩文築就了文人的一座燈塔，永不漫漶。

　　然而古人的信仰常與政治孿生恩愛，有人甚出憤激之詞道「中國文人，一旦為官，便無足為視。」或沉湎於權力的鴆酒，或熬到兩鬢斑白無所作為，除此之外，還有何出路？

　　但杜甫，他是不同的。偉岸如他，不曾流連於文人的象牙之塔，他奔波於靈與肉的協奏，長安、洛陽、成都、江陵、衡陽，每座山峰都被披上他的足跡，每條河流都被烙上他的歎息。滿目悲事，遍地瘡痍，他無法阻止，亦無力阻止，滾滾洪濤前，他渺小得如同一顆灰塵。可他終究站出來，屹立於道路中央，張開雙臂疾呼道：

　　「君不聞，漢家山東二百州，千村萬落生荊杞！」

這喊聲太過微弱，很快被潮聲掩蓋。然而當潮退沙現時，那聲音卻愈來愈響，愈來愈響，足以使山河動搖、天地動容，足以撼動這五千年封建王朝的根基！

人寫詩，要麼站在裡面，要麼跳到外面。而老杜寫詩，你分明感到他是融進去的，你觸摸那些方塊字，會清清楚楚地感到它們在呼吸，在跳動，它們是土，是灰，是淚，亦是血。

縱古互今，人有一樣是相通的，便是無力的悲哀感。巴別塔終究沒有造成，文明孤獨地各自寄居於某一版塊。歷史車輪裡，好似真有一隻無形的手撥動那方向、速度，今人可以說是歷史規律，然而誰又不是這棋盤上的一卒呢？

老杜後來死在湘江的一葉小舟上，大抵這便是文人的歸宿，一江一葉，一舟一燈，獨我一人，寂寂死去。那一刻，所有的喧囂與繁蕪都已不再，縱年少輕狂，縱羈旅半涯，縱孤苦無依，皆罷了。想來那白衣卿相柳永尚可言「忍把浮名，換了低斟淺唱」，然老杜，浮名尚無，遑論這低斟淺唱？可縱然如此，只要有一個詩人的歸宿，也就夠了。

作為文人，隱世歸去是永遠的誘惑，尤對詩人，不甘流俗，更為常見。可老杜，他跳出這磁場，俯下身，向這九萬里大地上的子民跪拜。這本不是他的錯，然他有悲，大悲。

我不喜宋儒，卻喜張載一句話，也許可以為老杜作結：

為天地立心，為生民立命，為往聖繼絕學，為萬世開太平。

嗚呼，文人至此，可以無愧於心了吧！思其高曾，睹其風景，此生願隨子美。

【修改稿】（畫線字體為修改後的文字）

宗白華先生曾在文章裡提到一句詩：華燈一城夢，明月百年心。那時人生不過輕煙一抹、繁花一季，凡人活著，不免有些心浮

氣躁。但偶而也有些不凡之人，甘願為時代秉燭，做隻孤獨的眼，踽踽前行。他們的腳步，一聲一聲，沉著而堅實。

老杜，便是其中之一。

中華五千年浩浩蕩蕩，我再不曾看過偉魄如杜甫者。流離顛沛，目睹人世種種閹狐狡兔，既不心灰意冷退隱山河，亦不曾隨波逐流甘於下賤。朝生暮死之間，他以文字鄙薄文字，以生命詠歎生命。他一衫青衣，揚起的是對萬千黎民的苦痛；他一間茅屋，滴破的是對無數士子的憂心。他手握鋤犁他衣露兩肘，即便如此，他是個貴族，不折不扣。

出生、死亡，須臾之間；得到，失去，轉眼成空。李白可以灑脫地高吟詩篇邁出金鑾殿，老杜呢？雁渡寒潭，雁過而潭不留影；風吹疏竹，風過而竹不留聲。想必正因純澈的生命如此虛無，他才顫顫拿起筆，想給這白紙抹點痕跡。

老杜歎息著，跋涉於山川河流，奔波於靈與肉的協奏，長安、洛陽、成都、江陵、，每座山峰都被披上他的足跡，每條河流都被烙上他的哀婉。滿目悲事，遍地瘡痍，他無法阻止，亦無力阻止，滾滾洪濤前，他渺小得如同一顆灰塵。可他終究站出來，屹立於道路中央，張開雙臂對那馬嵬坡下的落魄天子疾呼道：

「君不聞，漢家山東二百州，千村萬落生荊杞！」

這喊聲太過微弱，很快被潮聲掩蓋。然而當潮退沙現時，那聲音卻愈來愈響，愈來愈響，足以使山河動搖、天地動容，足以撼動這五千年封建王朝的根基！

人寫詩，要麼站在裡面，要麼跳到外面。而老杜寫詩，你分明感到他是融進去的。你觸摸那些橫平豎直的方塊字，分明有一團火焰在你指心狠狠地跳動，分明有一朵鮮花在你腔間猛烈地綻放，那幾乎是一瞬的事。那一刻，它們是虎、是豹，是土、是灰，是淚，亦是血。

老杜後來死在湘江的一葉小舟上，大抵這便是詩人的歸宿，一江一葉，一舟一燈，獨我一人，寂寂死去。那一刻，所有的喧囂與繁蕪都已不再，什麼血淚，什麼哭號，這一刻我只是個離鄉的蕩子。生命無涯，我找不到歸鄉的舟楫。

　　作為文人，隱世歸去是永遠的誘惑，尤對詩人，不甘流俗，更為常見。可老杜，他跳出這磁場，俯下身，向這九萬里中華大地上的子民跪拜。這本不是他的錯，然他有悲，大悲。

　　好的人生大概便是如此：這一邊，荷爾蒙，香水，欲望；那一邊，悲憫，敬畏，善與愛。我們在這其中掙扎，難以逃脫宿命的羅網。此時，也唯有一顆皎潔如明月的心靈，能穿透重重迷瘴，接近生命的本質。華章一世，明月百年，這一刻，我們都是老杜。

　　作者有思想，從這篇文章無論是原稿還是修改稿中，讀者都能夠感受到。

　　不過，此文的缺點也很突出，由於過於主觀化，有時單獨一句話或者一段話寫得很精彩，但是段與段之間的銜接往往不夠緊密，比如，本文原稿中的開頭兩段之間銜接就過於生硬，所以她在修改稿中針對自己的缺點做了恰當的修改。

張永慶

放慢腳步，等一等靈魂

游澤眾

江蘇省南菁高級中學二○一三屆
理科頭腦，文字尖銳寫實，偶而清新。
生活中自始至終自給自足自娛自樂自悲自喜自導自演自生自滅。
現考入上海財經大學。

閱讀下面的材料，根據要求作文。

古羅馬皇帝馬可·奧勒留在其所著的《沉思錄》中有這樣幾段話：

「人不要像一個搖槳的奴隸那樣忙個不停。」

「一個人只要把握很簡單的一點東西，就能夠像神一樣過一種寧靜的生活。」

「人是一點靈魂負載著一具肉體。」

要求：根據以上材料，自選角度，自擬題目，聯繫實際，寫一篇不少於八百字的文章，所寫內容要在材料涵義範圍之內，除了詩歌外，文體不限，不得抄襲，不要套作。

【原文】

《沉思錄》有言：「人是一點靈魂負載著一具肉體。」然而，當今的人們卻浮華與喧囂中匆匆趕路，我們的靈魂正滯後。是時候放慢腳步，等一等靈魂了。

中國在急行軍，我們不由自主地踏上了一列飛速疾馳的列車，帶著我們馳向一個紛亂腳步踩碎夢想的時代，一個嘈雜聲音湮沒平和的時代，一個無止欲望充斥內心的時代，一個急功近利的時代。每個人都像王朔小說中的橡皮人，像陀螺一樣旋轉，在前行與忙亂

中喪失生活的樂趣，成了無趣無痛的木偶，直至靈魂枯竭。

人們一味追求高效快速的生活，常常使得社會混亂。染色饅頭、急於處理死豬而拋屍黃浦江、速生雞、樓歪歪……利慾薰心的鬧劇一次次刺痛我們的神經。甚至，我們的文化也被急火亂燉，文化泡沫氾濫，速食文化盛行。淺閱讀、名著翻拍、顛覆歷史名人形象、文化炒作，通過糟蹋文化以追求短期的快速收益。追求一夜成名、一夜暴富的功利主義思想盤踞在人們心頭，於是選秀層出不窮，股市成了鬧市。社會在快速發展中漸漸有些脫軌。

所以，印第安諺語說得好，人如果走得太快了，不妨停下來，等一等自己的靈魂。一味追求忙碌、快速生活的我們心靈只會愈發蒼白。速食時代，換一種狀態，靜下來，慢下來，才能等一等靈魂。

追求寧靜的生活，把浮華喧囂拒之門外。「非淡泊無以明志，非寧靜無以致遠」，孔明在寧靜中從容活著。「提一把木斧，開闢神的一滴」，梭羅在瓦爾登湖畔結廬。老子追求「至虛、守靜」，「恬淡至上，勝而不美」。佛家崇拜「六根清淨，萬念歸一」。追求寧靜，是一種獨到的生活意境，是成熟生活的表現，是成熟生活的表現，是生命的再造與昇華，是思想與靈魂的需求。

「慢慢走，欣賞啊」，放慢生活的腳步才能發現生活的美。如果乘飛機，就無法欣賞火車途上的風景；如果看一天三更的膚淺小說，就無法體會逐字細讀經典名著的款款深蘊；如果腦子裡只想著趕快交清這個月的房貸水費，就不會在城市裡享受詩意與幸福。美，總是在慢節奏中被發現與品味，快速只會讓他速朽。

一座座城市正在快速建設，生逢其時的我們的確不得不加快步伐，但有時不禁捫心自問，我們是不是走得太快？別忘了放慢腳步，等一等靈魂！

本文體現出了作者的不一般的觀察力和思考力。因為善觀察，才能掌握如此多的社會現象；因為會思考，才能產生比較深入的思考。作者將注意點集中到個人和社會的「靈魂」，即精神世界的建設上，這是難能可貴的。另外，從行文邏輯看，「提出問題—分析問題—解決問題」的思路還是比較清晰的。

但是，本文也有著較明顯的缺點。一是文章抓住了「放慢腳步」，但「等一等靈魂」中的「靈魂」卻沒有清晰的內涵界定，這是本文的最大疏漏。二是文章關注到了個體和社會兩個方面，但行文過程中還是顯得比較含混。三是在解決問題部分，作者提出「追求寧靜的生活，把浮華喧囂拒之門外」的辦法，這與「放慢」有隔離，與「靈魂」也無涉，此段中的例證也值得商榷。

【修改稿】（畫線字體為修改後的文字）

《沉思錄》有言：「人是一個靈魂負載著一具肉體。」然而，當今的人們卻在浮華與喧囂中匆匆趕路，我們的靈魂也因此而滯後。是時候放慢腳步，等一等靈魂了。

這是一個急功近利的時代，一個紛亂腳步踩碎夢想的時代，一個嘈雜聲音湮沒平和的時代，一個無止欲望充斥內心的時代。我們不由自主地踏上了疾馳的列車。每個人都像王朔小說中的橡皮人，像陀螺一樣旋轉，在前行與忙亂中喪失生活的樂趣，成了無趣無痛的木偶——因為忙對父母、孩子總是習慣搪塞，因為忙對禁行的紅燈、對頻頻發出警示的病體都可以視而不見，也因為忙甚至都忘了自己為什麼而「忙」……情感的淡忘、規則的漠視和信仰的遺落，讓我們越來越身心疲憊，倦於前行。

一味追求高效快速的生活，還常常使得社會混亂。速生雞、樓歪歪、染色饅頭、黃浦江的死豬，利慾薰心的鬧劇一次次挑戰社會道德的底線！我們的文化也被急火亂燉。速食文化盛行，名著改

編、戲說歷史、文化炒作，企業收益快了，優秀的文化傳統也被糟蹋了！隨之而來的是，扶老助弱的良知、悲天憫人的情懷、助人為樂的義舉與我們漸行漸遠！社會道德、文化傳統、民族精神在物欲的裹挾中漸漸喪失！

印第安諺語說得好，人如果走得太快了，不妨停下來，等一等自己的靈魂。由人組成的社會也一樣。一味追求忙碌、快速生活的我們心靈只會愈發蒼白；一味追求忙碌、快速發展的社會只能愈發混亂！

放慢腳步吧，等一等我們的靈魂。多陪陪父母，會少一些「子欲養而親不待」的遺憾；多和孩子交流，會多一份「我來施食爾垂釣」的歡樂；多關注一下身心，可以多一份「提一把木斧，開闢神的一滴」的從容。美好與美感總是在慢節奏中被發現與品味，忙亂快速只會讓他們速朽。多問民生疾苦，多倡懲惡揚善，多求悲天憫人，多贊平民善舉，社會才越來越像我們的社會，國家才越來越是我們的國家。

「慢慢走，欣賞啊。」放慢生活的腳步才能有機會發現生活的美，我們的靈魂才能得到慰藉與滋潤。「慢慢走，思考吧」，放慢功利的追逐才能有意識建設生活中的美，我們的靈魂才能緊跟前行的步伐。

忙得像搖槳的奴隸的人們，放慢腳步吧，等一等靈魂！

針對文章的不足，作者細化思考，大膽取捨，文章更加緊湊有力。

首先，文章明確了「靈魂」的內涵。對個人來說，「靈魂」的內涵是情感、責任和信仰；對社會而言，「靈魂」的內涵是「社會道德、文化傳統、民族精神」。當「靈魂」的內涵落實之後，

我們才能感覺到文章厚實的內涵。

第二，作者修改了原文中個人和社會含混不清的情況。將個人與社會始終對舉著寫，有利於考場作文結構的把握。

第三，刪除了「追求寧靜的生活」一段，改成對舉個人與社會的應該做的細節，不僅更扣「放慢腳步」的意思，而且照應前文指出的「靈魂」的內涵。結尾段的改進，體現的是考場作文照應材料的好方法。

劉正旭

簡簡單單的詩意

汪穎穎

江蘇省新海高級中學二〇一三屆
但求自給自足的生活，不慕奢華，偏愛簡單。
若有所求，也是希望增強己力，幫助更多的人。
珍惜細水長流的感情，不求跌宕，偏信長流。現考入復旦大學。

閱讀下面的材料，根據要求寫一篇不少於八百字的文章。

子曰：「飯蔬食，飲水，曲肱而枕之，樂亦在其中矣。不義而富且貴，於我如浮雲」（《論語》）

除非你們改變，像小孩一樣，否則，你們絕不能成為天國的子民。（耶穌）

那些在名利場上折騰的人，他們既然聽不見自己的聲音，就更聽不見靈魂的聲音了。（周國平）

要求選好角度，確定立意，明確文體(詩歌除外)，自擬標題；不要脫離材料內容及含意的範圍作文，不要套作，不得抄襲。

【原文】

很難回去那樣的日子了：唱一句「蒹葭蒼蒼」涉水至淇，吟一句「疏影暗香」孑然出世，生活被濡染得詩意氤氳。

生活中的一些細節其實極富詩意：春鳥秋蟲，夏蟬冬雪，月下簫，山間松……但是一雙被名利遮蔽的眼睛，對生活慣於取功能而去美感，早已觸不及詩意的衣袂。此生若迷失於名利場，便是自己為自己設枷，最終的結果，要麼因跳脫不得而掙扎至死，要麼因不堪重負窒息而亡。連生趣都沒有的人生，更毫無詩意可言。

就如一代才子柳永，縱是揮毫市井，偎紅倚翠，他的心裡始終割不下對功名的執念。這份執念一直以悵怨之態滲在他的詞中，因而他的「擬把疏狂圖一醉」遠不如蘇東坡的「人間有味是清歡」來得逍遙自在。柳永的狂，不過是為了遮掩真實的對名利的渴求——那麼蒼白，那麼可憐。

真正的詩意人生，需要的哪裡是「五花馬」、「千金裘」？蔬食則飲水，曲肱亦可枕，褪盡浮華之後的簡單，縱是清貧，卻絕不困窘。蘊含無限生機與樂趣的生活，自然有至情至真的詩意。「戲劇是月，名利是星」。所有的庸名利祿，到頭來，都不過賦予旁人茶餘飯後的一點談資。看破了這一點，戲劇大家濮存昕不再汲汲於鮮花與掌聲，不再一心取悅他人，而是將整副身心投入所愛的戲劇藝術，潛心鑽研，全心全意地為自己而活。他的生命，回歸了清靜寡淡，卻因此詩意豐沛。這樣的人生，用最簡樸的物質，構建出最充實的心境，才可謂不虛度，不負這大好的人間韶華。

更有時，當苦難與詩意碰撞，貌似荒唐的表述下卻獨有一種不可言的妙處。

名利場的不接納將饒平如夫婦狠狠打入生活的低谷，生活可謂是步履維艱。風雨如晦的夜裡，單薄的窗紙和牆板劇烈地搖動，發出駭人的脆弱欲裂的聲音，饒老竟怡然指點道：「山雨欲來風滿樓」，大贊這陋室充滿了詩意！這是何等的胸襟與氣魄！而這等胸襟與氣魄，也唯有拋卻名利、崇尚並熱愛簡單生活的「饒老」們，才有資格擁有。

雪沫乳花，蓼茸蒿筍，極富詩意之物，從來都是極簡單、極素樸之物。也唯有一顆素樸簡單的心，才有幸品嘗這詩意滿盈的「清歡」。

人之一生風塵僕僕，名利終究不過一場水月鏡花。做一個心懷詩意的人，方能把短暫的生命活得純粹透亮，就如一首精緻清朗的

詩一般。這樣，即使偶有坎坷，也能帶笑走在路上，聽風賞花；幽坐窗下，棋罷指涼。抬望眼，已不知幾時雲起了……呵，這簡簡單單的詩意，從來簡簡單單。

【修改稿】（畫線字體為修改後的文字）

　　很難回去那樣的日子了：唱一句「蒹葭蒼蒼」涉水至淇，吟一句「疏影暗香」孑然出世，生活被濡染得詩意氤氳。

　　生活中的一些細節其實極富詩意：春鳥秋蟲，夏蟬冬雪，月下簫，山間松……但是一雙被名利遮蔽的眼睛，對生活慣於取功能而去美感，早已觸不及詩意的衣袂。此生若迷失於名利場，便是自己為自己設枷，最終的結果，要麼因跳脫不得而掙扎至死，要麼因不堪重負窒息而亡。連生趣都沒有的人生，更毫無詩意可言。

　　就如一代才子柳永，縱是揮毫市井，偎紅倚翠，他的心裡始終割不下對功名的執念。這份執念一直以悵怨之態滲在他的詞中，因而他的「擬把疏狂圖一醉」遠不如蘇東坡的「人間有味是清歡」來得逍遙自在。柳永的狂，不過是為了遮掩其內心對名利的渴求——那麼蒼白，那麼可憐。

　　真正的詩意人生，需要的哪裡是「五花馬」、「千金裘」？疏食則飲水，曲肱亦可枕，褪盡浮華之後的簡單，縱是清貧，卻絕不困窘——蘊含無限生機與樂趣的生活，自然有至情至真的詩意。「戲劇是月，名利是星」。所有的庸名利祿，到頭來，都不過賦予旁人茶餘飯後的一點談資。看破了這一點，戲劇大家濮存昕不再汲汲於鮮花與掌聲，不再一心取悅他人，而是將整副身心投入所愛的戲劇藝術，潛心鑽研，全心全意地為自己而活。他的生命，回歸了清靜寡淡，卻因此詩意豐沛。這樣的人生，用最簡樸的物質，構建出最充實的心境，才可謂不虛度，不負這大好的人間韶華。

　　所以，脫離了名利之困，人心方能覓得大自在。

若將詩意比作一匹桀驁的野馬，那麼自由就是它的草原。而名利，往往是束縛自由的牢籠和枷鎖。正是清醒地認識到了這一點，盧梭才堅定地拒絕了國王的萬金饋贈，反身選擇棲守精神的獨立與自由。他在《懺悔錄》中寫道，若被名利遮住雙眼，那麼「真理也完蛋了，自由也完蛋了」。獨立與淡泊都已不復存在，更何談什麼詩意人生呢？這與前賢莊子的「往矣，吾將曳尾淤塗中」可謂不謀而合。大凡至賢者，都明瞭名利與自由的詩意乃不相容的水與火。因為在庸名利祿的裹挾與要脅之下，總有一天你將遺落自己的本心，出賣自己的靈魂。

　　雪沫乳花浮午盞，蓼茸蒿筍試春盤。極富詩意之物，從來都是極簡單、極素樸之物。也唯有一顆素樸簡單的心，才有幸品嘗這詩意滿盈的「人間清歡」。

　　人之一生風塵僕僕，名利如霧亦如電，終究不過一場水月鏡花。放下對名利的執念，做一個簡單的人，一個心懷詩意的人，方能把短暫的生命活得如詩般純粹透亮。這樣，即使偶有坎坷，也能帶著微笑走在路上，聽風賞花。抬望眼，已不知幾時雲起了……呵，這簡簡單單的詩意，從來簡簡單單。

　　這是一篇新材料作文，首先立意要準確，題幹中的三則材料都是圍繞「安貧樂道」這個主題展開的，所以這篇作文以「簡簡單單的詩意」為題，談「去名利之心，做詩意之人」，非常切合題意。

　　再看語言，巧用修辭，鮮明生動，如：（引用、對偶）唱一句「蒹葭蒼蒼」涉水至淇，吟一句「疏影暗香」孑然出世，生活被濡染得詩意氤氳。（引用、對比）因而他的「擬把疏狂圖一醉」遠不如蘇東坡的「人間有味是清歡」來得逍遙自在。（引

用、反問）真正的詩意人生，需要的哪裡是「五花馬」、「千金裘」？（比喻）若將詩意比作一匹桀驁的野馬，那麼自由就是它的草原。而名利，往往是束縛自由的牢籠和枷鎖。（擬人、對偶）雪沫乳花浮午盞，蓼茸蒿筍試春盤。

很多人喜歡引用名人名言，大多數老師也會教學生套名人的例子，拼湊些名句名言，但這幾乎成了閱卷者最厭惡的寫作風格之一。寫好考場作文，既不是拼湊名人素材，也不是盲目抒情，而是要把這些名言用得恰到好處。我覺得本文做到了這一點。

張永慶

CHAPTER **10**

細節描寫

成功的細節成就作文之美

江蘇省新海高級中學 張長松

（江蘇省中學語文特級教師、江蘇省高中語文優質課賽課一等獎獲得者）

　　細節是高分作文中的亮點。

　　細，小也，細節即事物變化過程中顯現出來的微小的環節。見微知著，透過這些微小的環節，我們可以讓讀者逼真的體察到人物的心理、情感的變化，瞭解事物發展的動向。

　　細節具有獨特性。細節是微小的，是作者通過細緻觀察才捕捉到的，是別人所沒有發現的。如果大家都看到了，也就不成其為細節了。細節具有共鳴性。我們描寫的細節雖然其它人可能沒有捕捉到，但讀來都能引起大家的情感共鳴，得到讀者的認同。細節具有真實性，唯其真實才能動人，那些為了造勢為了煽情為了突出表現而寫的不切實際的細節只會讓作文面目可憎，不會起到積極的作用。在作文中細節描寫我們應注意以下幾點。

一、寫有用的細節

　　生活中的細節很多，是不是只要觀察到的細節就都具有描摹的價值，都會給作文增色呢？當然不是。請看下面一篇作文題目為「堅持」的學生作文片段：

聽到廣播點到我的名字，我走上了跑道。我是我們班唯一一位參加一千五百米比賽的男生，今天我穿著帶條紋的藍色緊身短褲。班長特地為我借來四十二碼的跑鞋，這雙跑鞋是鮮豔的橙色，從鞋後跟延伸著兩條天藍色的線條纏繞著伸向前方。鞋底是柔軟的灰色，鞋釘是閃亮的銀白色，踩進塑膠跑道上裡，發出咯吱咯吱的聲響。我穿著這雙跑鞋踏上了起跑線，我不知道，迎接我的將是什麼樣的挑戰。

　　這段文字中有關鞋子的細節描寫詳細，但與文題顯然有一定的距離。這樣的細節就不具有描寫的價值了。而同樣是寫「堅持」，同樣寫長跑，下面的描寫則能較好的表達主題。

　　第一圈，我好像有使不完的勁，一邊跑還一邊睇其它同學；第二個三百米，我開始汗流浹背。我一邊調整氣息一邊暗暗給自己鼓勁，堅持啊。汗水匯成小溪，在皮膚的溝壑中穿流。全身不知由何物操縱似的，手臂、大腿只能機械性地擺動，我全身酸痛。火辣辣的太陽無情地榨幹著我，腦殼開始「霧罩雲山」，第四圈真的跑完了嗎？這最後三百米怎麼比前面一千兩百米還要長？我的心快跳出喉嚨，四肢發麻，喉嚨冒火。我告訴自己一定要堅持，我要一步步把當年那個恥辱的綽號跑在身後！於是，我跑啊走啊，汗水由一條條小溪匯成江河，偶而一滴飛入眼睛，頓時酸澀得眼睛一陣火辣辣的疼痛。

　　「汗水匯成小溪，在皮膚的溝壑中穿流」，「汗水由一條條小溪匯成江河，偶而一滴飛入眼睛，頓時酸澀得眼睛一陣火辣辣的疼痛」同樣是寫汗水，一是通過膚覺感受到從皮膚上流下來的感覺，很貼切生動，二

是寫汗水流進眼睛的感受，這些細節，都是人常能體會到，寫真得切，再現了長跑過程中作者經受的磨煉，在磨煉中學會了堅持，明白了堅持的意義。無疑，這是極為有用、極為成功的細節描寫。

二、寫有獨特個性的細節

　　不成功的細節描寫往往是因流於俗套。細節要想動人，就要寫出自己的特色來，寫出自己的獨特感受。有獨特個性的細節不是照搬照抄、人云亦云地學來的，而是自己通過仔細觀察、用心體驗得來的。二〇一一年江蘇卷優秀作文〈憂與愛（車站送別）〉開頭寫「闃寂的夜因都市的幽光顯得富有層次感。晚風擦過樹葉，將這一切悄然拉得天寬地闊。」這樣的描寫就顯得很有個性。同樣是寫江南水鄉，寫古鎮風物，許多人筆下都是那不變的「人家盡枕河」「千年石板路」，「灰瓦白牆」，而二〇一三年江蘇優秀文〈尋找適宜的環境〉一文寫箍桶老人將他的鋪子遷得更遠時這樣描寫古鎮：「小鎮是個古鎮，青磚灰瓦，淙淙流水，靜謐安恬得如一只溫順的貓，眯著眼走在吳儂軟語的咿咿呀呀裡。」同樣的景物風情，在作者的筆下卻有了與眾不同的風味個性，獨特的體驗，細膩的筆觸，讓這裡的環境描寫生動可愛。這樣的細節描寫，需要我們用心去觀察、體悟。

　　為了寫好細節，我們要養成良好的生活習慣，學生關注生活，觀察細節。在觀察事物時，除了要系統地感知事物的各個方面，還要變換觀察點，多層次地觀察事物的各個方面，從而抓住事物、景物和人物的特點。尤其要注意，我們在觀察事物時要用心捕足能鮮明體現人事特性的細節，而不是浮於表像，抓不住重點。

三、寫能引起情感共鳴的細節

　　細節傳情，真情動人。有人說，好文章給我們留下深刻印象的往往不是動人的故事，而是生動傳神的細節。這些細節雖然是我們以獨到的慧眼發掘的，但是描摹出來必須能引起人們的感情共鳴，這樣的細節才是動人的細節。如二〇一二年江蘇考生的〈憂與愛（兩個母親）〉中寫奶奶與姑姑的對話：「母女倆就侃開了，基本是姑媽在說公司的情況以及表哥昨天如何通電話……姑媽說得激動起來便手舞足蹈，奶奶只平靜地聽著，好像並不專心聽姑媽說話，深灰色的眼睛在姑媽臉上到處打量，似乎在數臉上多了幾條皺紋，頭上添了多少白髮。」這本是一個對話的場面，作者重點用細節來刻畫了奶奶專注於對姑姑的打量上，而沒有去認真聽工作上的事，出神入化地表現了作為一個母親的奶奶對孩子身體健康的關注，深沉地表現了母愛的主題。母愛的情感誰都能體會到，寫母愛的文字也太多太多，而作者捕捉到了這一個難得的細節，進行精細刻畫，使奶奶的形象豐滿圓潤，使母愛的深情真摯可感。

　　而有的情節不是我們常見的，或者是不能引起我們美好情感的事物，我們最好不要去再費筆墨仔細描繪了。比如有位同學的父親是屠夫，他的父母每天一早四點多起床，燒水殺豬，要在八點前把四頭豬殺好收拾妥當。他們辛勤勞作，換來了全家的幸福生活。這是一個很好的題材，能引起感情的共鳴的是對父母的感恩之情，這裡可寫的細節很多，比如他寫了父親整天泡在水裡的手在冬天皴裂的情形，寫了母親天天幫著收拾豬下水的渾身腥臊的氣味和風吹雨中黧黑的臉，都十分傳神。但是文中一段對父親殺豬過程的細節描寫，雖然細緻逼真，但血腥味太濃，不能引起人們的美感，且與要表達的情感相離較遠。這樣的細節描寫就不能引起人們的情感共鳴。

四、寫真實可信的細節

　　細節來自於生活，但需要我們把平時觀察到的細節用我們的語言描寫出來，這一過程就是創作的過程。細節的真實，是現實主義文學創作的基礎和前提。細節的失真給作文評分帶來的影響是不可小覷的。二〇〇七年江蘇的一篇滿分作文《懷想天空（農民工）》雖然得了高分，但刊出後，其細節的真實性頗受人們的質疑，其中寫農民工升旗的一段是這樣的：

　　「下面進行升國旗儀式。」主持人說道。喇叭一下子安靜下來，可是挖土機的嘈雜聲卻更加大了。「該死的農民工！」我不禁抱怨起來，「難道不能讓人耳根清淨一點嗎？

　　連這點道德也沒有，難怪受人歧視！」「下麵升國旗奏國歌。」忽然，挖土機的嘈雜聲一下子消失了。只見農民工們停下了手中的活，筆直地站在了原地，目光有神地盯著國旗。

　　一個高個子農民工不知怎麼進入了我眼簾。大概是來不及找個相對平坦些的地方吧，他的雙腳竟站在高低不平之處。一腳懸空，可他絲毫沒有搖晃，僅憑一隻腳死死地抓住了地面，其費力程度可想而知。他的臉上寫滿了「辛苦」，可是嘴角卻帶著笑容。面對這位青松般的高個子，我被震撼了。

　　初讀本段，頗受感動，作者通過細節描寫，寫農民工兄弟在升旗過程中的表現。但細想，又發現其細節描寫確有不真實的地方。一是施工現場與社會活動場所都應有高過頭頂的圍牆相隔的，因此作者不會看到工地上的農民工是否立正的；二是高空作業時外面都要圍上一層密實的

防護網，人在防護網裡工作，樓建得再高，我們也是看不到的；況且高空作業安全是第一位的，工人是不能被允許在沒有安全保證下如此危險地站立的。因此這裡的細節描寫顯然失真。還有的同學因缺乏生活常識，使作文失去了應有的科學性，這也是我們要注意的。

其實，當我們材料枯竭，心中無物時，你企圖用虛張聲勢的虛構來填滿你的稿紙時，你的作文已失去了一半的魅力。

作文尚真。只索你真實記錄你的生活細節，真實抒發你的真情實感，你無須虛構，自能動人，成功的細節必將成就作文之美。

人生的作業

江蘇省興化中學二〇〇八屆
讀書引領精彩旅程，寫作浸潤如玉人生。
現於美國洛杉磯大學攻讀碩士學位。

　　周日中午，匆匆吃完飯，看了一眼獨自坐在院子裡盯著花兒發呆的外婆，我知道，她又想外公了。剛準備走進院子，想到那一遝遝的作業，照應了一聲：「外婆，我寫作業了，有什麼事兒就叫我。」我又折回房間繼續奮鬥了。

　　正為一道數學題糾結的時候，就聽見敲門聲，一看是外婆：「丫頭，我出去透透氣。」外婆，快九十歲了，很少一個人出去，我有些不放心：「外婆，您就在院子裡走走，要不然爸媽會擔心的。」「不礙事，我就在社區裡轉轉，以前也和你外公一起走到城南呢！」我看到外婆的眼眸裡閃過一抹傷痛，又帶有一絲懇求的神情，只好妥協：「那您別走遠了。」外婆連聲應著，笑著出門了。而我，又埋進了滿本的 x、y 裡。

　　寫完作業，伸個懶腰，一看鐘，都五點了。兩點、三點、四點、五點，都四個小時了，外婆還沒有回來嗎？我拿起鑰匙就出門了。

　　在社區裡焦急地走著，四處張望，眼光掃過每一張老人的臉，都不是。「唉，怎麼辦？要不是作業太多，要不是為了高考，為了我的人生，也不會讓外婆一個人出門。」我心中懊悔著，繼續尋找。

　　忽然瞥到橋上那一抹熟悉的身影。我眯起有些近視的眼睛使勁

5
1
4

筆尖上的成長：名師帶你讀作文　卷一・下冊

地瞄著，果然是外婆。她慢慢走近，有些佝僂的背，一根外公以前的拐杖支撐著有些顫巍的雙腿。她漸漸模糊的身影竟與外公有些重合，我拭去眼中彌漫著的水霧，趕忙跑上前去攙扶她。外婆看到我很驚喜，舉起手裡的糖葫蘆，「看，丫頭，你最喜歡的。」我看著鮮豔欲滴的紅糖汁，努力揚了揚有些僵硬的嘴角，接過糖葫蘆，張嘴就咬了一顆：「真甜！」外婆笑得開心，像個孩子。紅糖化開，卻覺得嘴裡從未有過的酸，酸過心裡，酸到鼻頭，酸得直想掉眼淚。

我扶著外婆，她漸漸把重量倚在我的胳臂上，我很開心能成為外婆信任的「拐杖」。緊緊地握著她的手，有些粗糙，有些刻板，卻很溫暖，讓我驀然感到一股責任。掏出手帕給外婆拭去汗漬，那一條條深深的皺紋變得可愛。「丫頭真好。」她悄悄握緊我的手，在她有些溫潤的眼裡，閃爍著欣慰、信任、感動……我有些不好意思，紅著臉轉過頭看著迎風舞動的楊柳……我努力把身板挺得更直，更有勁兒，讓外婆放心依靠。

我相信，照顧好外婆，就是給在天堂裡的外公最好的安慰吧！

從那以後，就算再多的作業，我也會抽時間和外婆聊聊天，談談心。

照顧好我們愛著的家人，承擔一份責任，不是人生中最重要，最容不得出錯的一份作業嗎？

為了自己的人生未來，「我」抓緊一切時間完成作業，以至於忘了與外婆的交流，當完成作業尋找外婆時，「我」突然發現外婆老了，而且缺少精神的支柱，只能去尋找記憶中的溫暖。在一系列的細節描寫之中（外婆的糖葫蘆、外婆的手、「我」挺直的腰板），「我」終於明白，人生的最重要的作業不是高考，而是對親人的責任。這個責任既是對逝者的慰藉，更是對

生者的心靈撫慰，從這個意義上來說，本文很有現實針對性。

曹伯高

有這樣一個地方

于倩倩

江蘇省海州高級中學二〇一一屆
典型的文科女，分科時卻偏偏選了理科，理由是挑戰自己！
自幼愛讀書卻不求甚解，為文喜歡嘗試，各種文體均嘗試過，
雖不被老師認可仍樂此不疲。現就讀於蘇州大學。

　　有這樣一個地方，曾經讓我為之心醉，如今卻讓我心碎。

　　記憶中的那個地方，很美。地下面是嫩嫩的青草，長得並不整齊，草也不是很高，有時候能看到跳躍其中的螞蚱。那裡有兩棵樹，在曾經小小的我看來是很高的樹，樹葉總是茂密的，透過樹葉看到的天，很藍；樹葉濾過的陽光照到我身上，很暖。記憶中，有那個地方陪伴的日子，便是晴天。

　　年幼的我被爸媽送去姥姥家，在姥姥家的生活總是讓我感到很無趣。姥姥總是愛管我，不讓我幹這個也不讓我幹那個，她總說：「這個小丫頭怎麼和瘋子一樣。」但她是疼愛我的，她會想辦法給我買好吃的和好玩的，儘管在那個小地方，買這些並不容易。

　　小小的我哪裡知道姥姥的不易，有一天我突然想蕩秋千，便纏著姥姥。姥姥從家裡找出根粗繩子，拉著我到這裡，將繩子牢牢地系在兩棵樹上，說：「你蕩吧。」我異常欣喜地坐上去，姥姥在後面推我，嘴裡還念著童謠。我聽到了知了在樹上的歌唱，風在我的臉龐輕柔地拂過，我歡喜極了。從不被允許走出家門的我覺得，這裡似乎是天堂。

　　以後的我每天都會到這裡玩耍，慢慢地我會自己繫繩子了，並且因為繩子足夠粗也足夠長，可以繞樹兩圈我可以用許多姿勢蕩秋

千。有時不想盪了，我就會讓其它的人盪，我的秋千吸引了許多小朋友，同他們玩耍，我不再覺得孤單。

有時候姥姥會跑過來看看我，順便在樹下找那些還未褪殼的知了，找到了便拿回家，在殼上灑些水，用盆覆住。第二天，知了褪了殼，姥姥就會將它炸得金黃讓我吃，炸好了的知了特別香。有時我也會舔著嘴巴，在大樹周圍轉悠，希望捉到幾隻知了，能帶回家讓姥姥炸著吃，可不知為什麼，我卻很少捉到。

這裡的蜻蜓似乎也特別多，我會將姥姥家的大掃帚拿過來撲蜻蜓。總是會捉到許多蜻蜓，我便會高興地把它們拿回蚊帳中，希望它們把蚊子吃完，這樣，晚上就不會有蚊子咬我了。

⋯⋯

今年過年回姥姥家，突然想一個人去那裡看看，卻發現，草不見了，樹不見了，眼前新建的房子讓我有些猝不及防。看著它，我似乎找不到我的童年了⋯⋯

有這樣一個地方，雖已不復存在，但它和姥姥的愛一起清晰地留存於我的記憶裡，不會褪色，不會模糊！

這是一篇命題作文。作者開篇點題，行文扣題，結尾點題。從文體來說，這是一篇寫人的敘事性散文。文章圍繞盪秋千這一核心事件來寫，順帶寫了姥姥炸知了給我吃，寫出了姥姥對「我」的疼愛。「這個地方」承載了作者對童年的美好回憶，因此當這個地方消失時，作者感到無限的悵惘。作者選取了童年的生活的典型事件，在敘述的過程中穿插細節描寫，讀其文，我們彷彿置身於那篇美麗的樹林中，耳邊有秋千上女孩快樂的笑聲傳來。

作者語言整散結合，搖曳多姿：「透過樹葉看到的天，很藍；

樹葉濾過的陽光照到我身上，很暖。」字裡行間作者流露對姥姥深深的懷念之情。

闕麗娜

曲線

陸琦然

江蘇省東台中學二〇一二屆

性豪爽，喜交友，不拘小節；樂讀書，幾度翻閱，幾番悠然，
幾番悵惘，幾番神癡，幾番恬淡，翻起吾心中之經卷；胸有志，
常自調侃曰「大器晚成」。現就讀於蘇州大學。

他半眯著眼睛，打量著眼前這條平整寬闊的柏油路。陽光從雲端瀉下來，微微地鍍了層金色，烤得他的心也暖暖的。路延伸出去，卻在不遠處向左彎曲形成一個圓滑的曲線。

於曲線處，一棵古松正恣意舒展筋骨，綠色的傘蓋欲滴，碩大的枝幹全然不像個老者，竟似位正值壯年的青年了。

「幹啥走曲線？村長，村長！」耳畔又起迴響。

他磕磕煙袋，搖搖頭，日光融進他瞳孔裡，灼灼愈顯光彩了。「不是曲線，不是曲線！」他喃喃。柏油路默然，從他腳下延伸到遠方。

（一）

這個寧靜的山坳，被兩座灰濛濛的山懷抱著，如一個稚嫩的嬰兒，睡意蒙矓。

也許小山村還會這樣沉默下去，可它還要沉睡多久，人們才能觸到山外的世界？它還要緘默多久，人們才能跟上時代的步伐？人們迷茫，彷徨，怎樣開闢一片新天地？

「村長，就用這筆資金辦工廠吧！我兒子說，這是最快的掙錢方式，能帶上全村人過好日子　！他出過村，見過世面！」二虎眉飛色舞地舞著手，臂上垂下來的一塊布隨著風上下翻飛。「對，對，

辦工廠！辦工廠！」村委會的一群人都紛紛叫喊著，一片歡天喜地。

村長只是陰著臉，一聲不吭地坐在角落裡，吧嗒吧嗒抽著煙袋。他面龐的輪廓隱在陰影裡，看不大清，只有一雙眼睛閃著光。辦工廠，這固然很好，可是……他腦袋裡閃出那條崎嶇的小道，左一弧，右一彎，是一條複雜的曲線，將村子圈在裡面，難以動彈。

他「譁」地站起身來，緊縮的眉頭一下子鬆開：「將這筆錢拿去修條好路！」他的手微微顫動著，布著皺紋的臉似乎又蒼老了幾歲。

「村長！」滿屋子驚愕的臉。

他轉身走出去，身後是二虎呃嚎叫：「你走的不是直線，是曲線，這是浪費！」二虎絕望地望著村長的身影，看見他佝僂的身子漸行漸遠，一步步就要融入山色裡。

（二）

「村長，村長！」

二虎嘩嘩掀動那張紙，指給村長看大路的方向。「我們再修下去，就要砍掉這棵老松樹了。沒辦法，不然路就彎了。明天就砍吧！」「不行！」村長顫巍巍地走出去，來到那棵松樹旁。他緩緩伸出手，撫摸老松那蒼勁的枝幹。老樹皮很硬，扎了他的手。這是不是老松樹的反抗呢？松在風中微微搖晃，一陣沙沙摩挲的聲音。他望著老松，老松也望著他。他的心忽地疼痛起來，這棵一百多歲的老松，日日夜夜地站在村子口，早已成了小村的標誌。人們在樹下那天，等人……人與樹該是怎樣的感情啊！

「問一下工程師小李，能不能從樹旁邊繞過去。」他的這句話吐得很決然，讓二虎有一種敬畏的感覺。二虎憤憤地離去，他知道自己真敵不過眼前這個倔強的老人，於是他索性不管了：「你走你的曲線就樹，到時候虧了找你！」

（三）

　　柏油路靜靜臥在村旁，彎道處一棵松樹，傲然挺立，枝葉似乎更蒼翠了。

　　終於，小村熱鬧起來。一些人試探著從這條路進來，竟意外發現一個宛若世外桃源的小村子。於是，人們將這裡打造成一個旅遊景點。大批遊客興奮地沿著這條寬闊的柏油路而來，遠遠見著了那個巍然屹立的身影，便嚷道：「到陸家村了，到了！」古松嘩嘩地舞著手臂，向人們問好。導遊便趕緊講開了：「這棵一百多歲的古松，是當地人全力保護的……」「不簡單，真不簡單！嘖嘖！」遊客滿是驚異的神情。

　　那個傍晚，他一個人又來到這路旁，瞧瞧路，再瞧瞧樹。柏油路盡情延伸，在松樹旁完美地彎成曲線，一切竟是如此和諧。他愜意地抽著煙袋，歲月將他的面孔雕刻得棱角分明，他的背會更彎曲了，不變的，卻是他的心。

　　很多時候，我們的人生、我們的選擇是一條 物線。重要的不是看它的弧度，而是它是否會回到原點。我們該知道，「好」字下面，總必不可少的，是那條作脊樑骨的曲線。

　　簡單的故事，小小的人物，突現的卻是豐富的情感，深度的思想。這一切，都依賴於「曲線」：曲的路，曲的情節，曲折而出的感悟。寫「曲」則離不開細節：「一雙眼睛閃著光」、「日光融進他瞳孔裡」，「古松嘩嘩地舞著手臂」，你看，這些細節的展現，讀起來就會感到如在目前，形象而生動，顯示出作者較高的文學素養。

　　王兆平 胥照方

幸福花香

王婷

江蘇省贛榆高中二〇一三屆
一個感情細膩豐富的女孩，喜歡記錄思考以及體會生活中的點點滴滴，
喜歡把自己的感受通過白紙黑字與別人分享。堅信連自己都不能打動的文章，
更不會打動別人。現考入南京理工大學。

幸福，不需要死生契闊，與子成悅，執子之手，與子偕老，張愛玲認為那是一首最悲哀的詩，席慕蓉悲歎那是不幸的人用一生思索的問題；幸福，不需要如羞澀的蓓蕾，無法啟口，淡淡地活著、一絲絲微笑就是幸福；幸福其實發生在行雲流水中的點滴時刻，離我們只有心與心的距離，等待我時刻感受。

——題記

朦朧中，幸兒感覺到有一隻手輕搖著她，那麼輕柔那麼舒適，好像十幾年前的她還在搖籃中時便有這樣一雙溫柔的手，輕搖搖籃，輕拍脊背，哄她入睡。眷戀這樣的溫存，可眼前暈黃的燈光著實不允許她再睡下去，揉著惺忪的睡眼，幸兒踩著拖鞋離了床，而那只手的主人早已在廚房中忙碌起來。

涮洗過後，幸兒照常拿著課本坐在廚房的小凳上朗讀。這是很久前養成的習慣，為了養成早起朗讀的習慣，媽媽成了幸兒早晨的鬧鐘，定時定點地叫她起床，為她做早點。幸兒很奇怪，媽媽沒有鬧鐘，為什麼每天都能準時起床。媽媽總會笑著回答，年齡是她的鬧鐘。可幸兒凝望媽媽額前歲月的痕跡，笑不出來。

這是一個不尋常的早晨，幸兒知道為什麼，儘管她安靜地坐在那兒不吱聲，可心裡卻翻江倒海——她和媽媽吵架了。那一幕如畫

卷般緩緩在她眼前展開：「我真不理解你，你為什麼事事都要干涉我，能不能給我一些自由空間。」她躲在自己的天地，捂著耳朵隔著門向外吼。「你不理解我，我做的一切不都是為你好，你不理解我。我還不理解你！」媽媽摔門走進臥室。那一聲摔門聲徹底讓幸兒崩潰，她一頭栽向床，蒙著被子委屈地痛哭。

漸漸地，伴著徐徐清風，她的哭聲止住了，儘管心中的委屈似滔滔江水般翻湧著，她還是強忍住哭意。窗外月涼如水，遙遠天邊的一顆星像她內心的決定，閃閃爍爍……

只是沒想到，媽媽卻沒賭氣似的不叫她起床，不做早點給她吃，一切依舊，除了這詭異的氣氛。往常，都是幸兒撩起話題的，但今天她硬是不開口，打算賭著口氣撐上許久。

「啪」，一碗熱氣騰騰的面在她神遊間已做好。幸兒再一次注意了那只手，真的是媽媽的手嗎？怎麼不像記憶中的那樣的白皙纖嫩，如今卻變得黑黝粗糙，像枯老的樹皮一樣，可是這樣一隻手又怎麼給了她童年的撫慰，給了她溫柔的叫喚，給了她十幾年如一日的做飯洗衣服的饋贈呢？幸兒的眼角不經意間有些濕潤，往事如行囊，收起了又再打開。

那是一個安靜繾綣的夏日，絲絲涼風吹散些夏日的暑氣。一個充滿生機活力的女人領著小孩行走在金色海洋的邊沿，濤濤麥浪順著風跌宕起伏，拍打著土壤，送來陣陣麥香。年輕的女人彎腰從麥田中折斷了幾根，將麥穗放在手心搓揉，然後剔除麥渣剝開麥粒，撿了最大的麥仁送在小孩的嘴裡。摘下幾朵花，麻利地編織成花環套在小孩子的脖子上。用手為她遮陽、扇風、擦汗。當她用手愛撫著小孩時，小孩就像是世上最溫馴的羊，只臣服於她。僅僅牽著女人的手指，小孩都覺得心裡滿滿的，甜甜的，像塞了棉花糖似的。

「發什麼愣，快吃好上學。」平淡中聽不出喜怒的語調將幸兒拉回了現實，望著媽媽若無其事的臉，幸兒覺得心中有一塊地方熔化

了，不然哪來這麼多的水充盈了她的眼眶，搖搖欲墜。把頭埋進碗裡，任憑淚珠大滴大滴砸在面裡，可幸兒仍覺得面又香又甜，久違的充實和甜蜜再一次填滿了心窩。

深夜，幸兒在燈下學著學著，卻昏昏沉沉地睡了，恍惚中彷彿有人端了杯牛奶進來，輕輕地放下，然後摸了摸她的頭，悄悄地離開。睜開眼，桌前果然有杯牛奶，幸兒小心翼翼地將手覆上去，彷彿感受到牛奶瓶在媽媽手中緊握的溫暖，像陽光那樣柔和，像散文那樣優美，像音樂那樣動聽。日子像旋轉的木馬，在幸兒的腦海中轉個不停，那些溫柔的場景又歷歷在目。

夢中，她牽著媽媽的手在薰衣海中徜徉，她放聲天地間：「媽媽，我—愛—你。」心中像充滿了棉花糖，滿滿的、甜甜的。她知道，那是幸福，她一直感受著媽媽帶給她的幸福。

定時的堅持，無私的奉獻，幸兒感受到別樣一種幸福，沒有轟轟烈烈，沒有羞澀朦朧，卻在微風拂過的時候，化作滿園的清香，縈繞心房。

本文選取平凡生活中的溫馨平實的一幕，通過細膩的細節描寫以及典型獨特的肖像、語言描寫，成功刻畫了母親慈愛的形象以及母女之間的深情。文字優美，全文籠罩著一份淡淡的馨香。正如題目所述，這份幸福在作者的筆下，像一朵鮮花，幽幽地綻放它的鬱香，縈繞滿園。而這份感情，這份幸福，像甜甜的棉花糖，感動著你我。文章貴在以情動人，文中的母親叫醒幸兒的一幕，相信能夠觸動許多同學內心柔軟的一處，依稀當年，我們就是在母親的呼喚中，度過了高中三年……

徐謙

值得品味

張文敏

江蘇省灌南高級中學二○一二屆
質樸和善，樂觀自信，熱愛畢飛宇等作家的鄉土散文，
總在不經意間抒寫濃濃的鄉情親情。現就讀於蘭州大學。

我曾見過最美的星空，在曾經以為最艱苦的歲月，有些美好總被理所當然地忘記，然後又後悔莫及地憶起。不知用心品味那些美好，當憶起時，便只剩下遺憾。

我家曾經有一口大草鍋，記憶中的草鍋就像一個安靜的老者，蹲在牆角抽著旱煙。那時家裡窮，用不起煤氣，一日三餐，洗洗涮涮，需要用熱水，全靠那口草鍋。

草鍋做出來的米飯特別香，鍋底總有「咯咯」脆的鍋巴。小孩捧著熱乎的鍋巴大口嚼著，嚼到腮幫子發酸，用手揉著腮幫子還在嚼，大人看著心裡樂開了花。草鍋做出來的菜，按現在的話來說，特「綠色」。火由人控制，可大可小，爆炒「滋溜」幾下一盤小菜就出來了。文火慢燉，再老的肉也能燉得爛熟。我總覺得，每一個有紅撲撲臉蛋的鄉下人，都是草鍋養出來的。

每到冬天，我們姐妹就會變得勤快，搶著要幫媽媽燒火。媽媽總是讓我們輪著燒，沒輪到的總是圍著灶台，灶台邊似乎沒有冬天。坐在草鍋的爐口，聽著火哄哄作響，草嗞嗞作響，望著灶臺上騰騰的熱氣，心裡別提有多愜意了。我是姐妹裡最不會燒火的一個，每次總會把爐底堵死，草鍋也總喜歡和我開玩笑，小小地戲弄我一下。

有好幾次燒完火，我從灶台邊露出一張臉時媽媽和姐妹們就笑成了一團，媽媽說小臉被熏黑了，只剩倆眼珠子在轉，特滑稽。草鍋不知給了我們多少個幸福的日子，也不知是什麼時候被我們忘卻。

當孩子們團團圍住新買的煤氣灶好奇地打量時，孩子們仍然「咯咯」地笑，一旁的草鍋仍然沉默著。

孩子們還不知道，他們就此再也吃不到脆脆的鍋巴，媽媽再也不會拿著鐵叉烤玉米烤山芋烤龍蝦給們吃了，再也感受不到冬天裡爐火的溫度了。孩子們還沒有學會珍惜，還不明白擁有與失去的真義，所以他們不知道有草鍋的日子是多麼值得品味的。

像這樣值得品味的東西在記憶裡還有很多。像家鄉那條泥濘的小路，沒有汽車沒有喧嘩，卻有我們童年歡樂的歌聲；像那條小路邊的草垛，那是我們玩耍的好去處。像我們一路甩著的碎花書包，是媽媽用碎花布拼湊出來的最完整的關愛……

在如今，最繁華的年代裡，我卻時常懷念那些未來得及品味的樸素的美好。

這篇文章切入角度小，選材樸實，細節越品越有味道。她給眾多考生一個啟發，生活中特別熟悉的事物恰恰是作文的首選素材，只要飽含感情，寫出味道，極易成為上乘之作。遺憾的是本文後面的昇華還沒到位。

蔣遠兵

青春的細節

徐芳

江蘇省贛榆高級中學二〇一二屆

雪落留痕，落花有聲。我就是這麼貪婪地想把神經末端伸向生活的每個角落，在光與影的碰撞，景與情的交融間捕捉每絲觸動。多看，多思，趁耳聰目明，趁年輕。現就讀於東南大學。

當它被外婆仔細地從那根黑突突支棱著關節的指上擼下來的時候，我本來平靜的心著實悸動了一番。

外婆用她的拇指指根輕輕拭了拭它，幾乎是雙手捧著的遞到了我的手上。

這是一枚戒指，銀的，沒有鏤空亦沒有鑲嵌，單單一厚厚的銀條繞著個圈，中間的部分是隱約的花的形狀。外婆說那是水仙花。說著說著，外婆眉飛色舞起來，倒像是自己親手打造雕琢的珍寶似的，舒心滿盡堆砌在那一臉的條條杠杠。

我接過戒指，「撲噗」一聲發了笑。大概是我的笑太過突兀，連沉浸在講述中的外婆也驚了一下，笑容頓時僵在了嘴邊。「外婆，這都什麼年代了。外面飾品店裡賣的首飾，亮閃閃的，可比這漂亮多了。我還這麼年輕，帶這個，多土！」「土？」外婆霎時愣了神，好一會兒才意味深長地歎了口氣：「是啊，現在的青春少女，哪還稀罕這玩意兒……」一邊從口袋裡掏出塊紅布，嚴實實地包好了，塞進了床頭的旮旯裡。外婆離去的背影被我的青春氣息襯得愈發顯得蒼老而衰頹了。

我試圖用這不屑掩蓋住心裡莫名的興奮，並不斷暗示自己，這麼土舊的東西，我怎麼會喜歡呢？而愈是抑制，那股情感卻愈是猛

烈。我終是克制不住，在外婆走後將紅布輕輕地掀開了。

再次打量這枚銀戒的時候，越發覺得它美得動人：幾十年的光陰裡，外婆的皮膚給了它最柔和的色彩，並不閃亮卻是種暖人的光澤。水仙花的紋路給歲月慢慢地填平了，年歲累積的幾分古典氣息，在空氣裡悄悄彌漫。戒指的內側隱蔽地刻著些什麼，看不清。但我想，那該是它的源起與傳承吧。

我躡躡地將它套在了指上，從背後摟住了外婆：「外婆，我要——」「不嫌土了？」「怎麼會呢！」原以為青春就是憧憬，就是嚮往，就是摒棄所有的舊，奮不顧身地追求新潮與時尚。而當這溫軟的銀戒順著指尖觸動心弦的時候，我發現，青春仍願意對歲月積澱的美好敞開心扉，接納並傳承。

這是青春的細節，偷偷地匿在心底，而我也剛剛察覺。

一枚水仙花銀戒指牽繫著一個耐人尋味的青春細節！在外婆小心翼翼的「擼」、「拭」、「捧」中，我的「笑」和外婆的「驚」、「僵」形成鮮明的對比：祖孫兩代人對青春的理解「涇渭分明」！然而，青春從來都無法抗拒那份歲月積澱的美好誘惑！讀罷文章，你會驚歎：傳統文化，如此宏大的命題，祖孫倆通過一枚銀戒指居然傳承得如此自然而巧妙！文章立意深刻，構思獨具匠心，語言細膩生動，的確是脫俗之作。

仲玉梅

落葉歸根

夏賅

江蘇省南菁高級中學二〇一三屆

人如其名，簡單無華，然熱愛中國傳統文化，偏愛語文，

苦心為文，終有滿意之作，亦無愧師恩。現考入南京大學。

在我老家門口，有一棵梨樹。到秋天，葉子便一片片落下，回歸泥土。

我很是不屑：既然給了你一身輝煌，給了你臨終前片刻在空中自由地飛翔，為什麼終要束縛在根下呢？

臨近高考，我更是想過，要通過高考，走出家，經歷一番自由的人生，也不是因為我對家有許多仇恨，只是不願受其羈絆，將一生束縛於此。

百忙之中回鄉一次，卻恰見鄰居在舉行葬禮。眼見一人鬢角斑白，在風中頭髮凌亂，長跪棺材前的相框前。雙眼紅腫，臉上也已淚痕斑斑。聽家人說才知是遠離家鄉多年的遊子，從未回來。而這次回鄉，卻……我不禁悲傷：樹欲靜而風不止，子欲養而親不待。是啊，現在的他，即使將臉向那相框貼得再近，也感受不到昔日的溫暖；即使將雙膝深深埋入土中，也無法接近他們之間的距離。

而更多的，卻是震驚：這便是我想要的生活，這會是幾十年後的我嗎？遠離家鄉，作一隻斷線風箏，期望斬斷羈絆，追逐絕對的自由，卻不知斷了根，只有淒苦地漂泊與無盡地悔恨。家門口的梨樹依舊在，春芽夏葉秋實，年年如此，落葉依舊自顧自飄零，我卻開始敬佩它們了。

庭院裡，爺爺在板凳上洗著衣服，時而捋捋頭上不多的髮絲，看看庭院裡一草一木；那株葡萄藤到了明年，又該遮天蔽日投下一片陰涼了吧；那些花朵又會開出一片明豔吧；還有那株梨樹，落葉紛紛，又會結出滿樹香梨吧！看罷，他滿意地笑了，似乎沒有什麼比這更令他滿足了。

爺爺曾讀過書，也曾出去闖蕩過，晚年卻仍搬回老家，和奶奶一起，照看這故鄉一草一木，他常說：「落葉歸根。」末了，他也還是回來了，從他滿足的眼神中，我看見他的無悔。

我們不信上帝，卻把故鄉當做精神的後院，在這個我們出生的地方，有太多斬不斷的羈絆纏繞我們。我們年輕時追逐自由，最終還是會回到根身邊，離開人世。

落葉無論多遠都會歸根，我們在和人生旅途中，亦不可忘了自己的根。

遊子永遠割捨不了鄉土情結，選點很好，「看似的『羈絆』卻是賴以生存的根」。對中學生而言，因為閱歷的關係，這個選點很難寫好。本文卻給人真切、真摯的感覺。長跪棺木前遊子的神情令人心酸，作者的議論更讓人心疼：「現在的他，即使將臉向那相框貼得再近，也感受不到昔日的溫暖；即使將雙膝深深埋入土中，也無法接近他們之間的距離。」描寫和議論的結合讓人感受到作者心中的真摯情感。

還不止於此。外出闖蕩的爺爺晚年搬回了老家，他滿足、無悔。和前文形成鮮明對比，作者自然流瀉的情感也能深深感染讀者。結尾的議論抒情又是一絕好亮點。

文中對遊子和爺爺再多一些細節描寫會更好。

劉正旭

脈動

朱迪

江蘇省海州高級中學二〇一一屆
愛文字、愛音樂。愛叛逆的舊時光，愛燈影裡的航船漁火，
也愛馬蹄踏過的詩和遠方。現就讀於山東大學。

初秋的飄雨在朦朧的幕布上緩緩洇開。窗外，黛色的山嵐宛如水墨畫中絲絲縷縷的線條。鼓點般的雨滴似乎在敲打著過往，泛黃的回憶在這泛潮的濕氣中漸漸氤氳。恍惚間，我想起了戴，以及他引以為自豪的寧夏六盤山。

初識戴，是在零八年的冬季。那是一次在北京舉行的全國青少年黨史教育活動，我在後臺等待，他在臺上演講。那天的他，一身裁剪得體的深藍色改良西裝，青春而陽光。「我是來自寧夏回族自治區偏遠山村的戴。」他的語調平和而真誠，冥冥中似乎在壓抑著令人期許的情感。台下很靜，大家不約而同地將關切的目光投向了戴，我也一樣，靜靜地傾聽他淳樸的心聲。

原來——戴的家，不是遮風避雨的港灣，而是裸露在風沙中的一間土房。對他來說，「上學」是個奢侈的詞。為了省下一周的伙食費，他總是提前背一袋饅頭到校，作為一周的糧食。漫長的山路，盤旋在山頭的崎嶇山路，一步步埋在腳下的泥濘小路，陪伴他走過日日夜夜。每次，當他打開袋子時，饅頭已經黴得長毛了。我無法想像長毛的饅頭是如何的讓人辛酸，但我可以從他堅毅的目光中讀出，他從未放棄。

戴腳下的山路，在那年秋天變成了平整的公路；戴的學校，在

那年秋天變成了寬敞整潔的現代化高級中學；戴的伙食費，在那年秋天由國家教育部補助。

那天，當站在臺上的戴自豪地向觀眾們展示他的新校服時，他哭了。當他為趕一堂課而摔倒在山路上時，他沒有哭，當他閉眼咽下長毛的饅頭時，他沒有哭；而當他面對上千的觀眾，撫摸嶄新的校服時，他哭了，因為那是國家、黨所給予的資助。

我在後臺，輕輕地拭去淚水。暖黃色的燈光下，會堂上方的鮮豔國旗顯得分外耀眼，血一般的中國紅，血一樣的中華情。我真實地觸摸到了那種亙古不變的紅色，似乎伸出手就可以輕柔地接過，放在心頭。那些邊遠山區的翻天覆地的變化，怎能離開祖國的溫情呵護？我想，我和戴，和台下的觀眾的心情一樣的，一樣的血脈，一樣的情懷，一樣為自己的祖國而驕傲。似乎有千萬縷的情思縈系在腦海中，拋開陳舊的雜念與顧慮，我為我與那縷紅色貼得如此親近而暗自高興。我能理解戴，理解他的曾經的辛酸與如今的幸福擁有，我們都能理解戴，理解他心中那抹動人的中國紅。

北京開往連雲港的列車，窗外，洋洋灑灑地飄起了雪花。晶瑩別透的六角形在我的視線裡盤旋、飛舞，我想伸出手輕柔地接過它，讓它化作美好的回憶，停留在記憶的瞬間，我想我是幸運的，有暖紅色的愛時刻籠罩著，就像漫天翩躚的雪花，只有用真心的感觸才能體味到它的存在與默默的祝福。

視線裡的戴，越來越遠，那個紅色的身影卻逐漸明晰，在這秋雨後的陽光下被逐漸放大，放大。它承載著太多的愛與幸福，似乎已氤氳在空氣裡。我想，那是一種紅色的情愫，是埋藏在彼此心間的融融暖意。

作者由心底的感觸生髮出一篇文章，通過細節描寫記錄了內心曲曲折折的歷程，心脈的震動帶給作者太多的感想，難以忘懷。文筆細膩，文風清新，真實地再現了內心情感的波動。

　　　　　　　　　　　　　　　　　　　　　吳生友

缺席

朱龍邦

江蘇省梁豐高級中學二〇一二屆
質樸內斂。文為心聲，喜歡用文字記錄生活，記錄成長。
現就讀於南京工業大學。

　　明天是成人儀式。

　　老師私下裡叮囑我，這次家長別再缺席了。我沉默地從辦公室出來，心裡有種說不出的滋味。

　　爸爸才四十出頭，頭髮已略微灰白，漸漸佝僂的腰彷彿是一夜間被壓垮的。自高中以來的家長會，每次他都缺席了。我知道，大概是因為之前他生過的那場重病，自那後，他變得有些消沉。熱鬧的地方不去，與我聊天也愈發地少了。可即便知道這些，也心疼他，暗示自己，隨他去，這些家長會也沒那麼重要。但每當在教室外看到滿座的家長中空缺的那個位子時，心還是不由地空落落的。

　　其實，我是真希望他能出現在教室某個位子上。倒不是說一定要做什麼，只要他在身旁，我總會感到踏實與安心。而他的缺席，也讓我的心缺了一個小口，有點疼，有點酸澀。

　　到家以後，我頗為躊躇。為難了好半天，不知如何開口。媽媽是肯定沒有時間的，可爸爸……第二天一早，我琢磨著大不了說完就去學校躲著，便硬著頭皮開了口。當時眼睛都沒敢抬，只盯著腳下的地面，仿若如此便能盯出一個洞來，讓我藏匿其中，不必如此受煎熬。

　　爸爸沒有像往常一樣沉默不語。不過，他也沒有直接回答，只

問了一句：「成人儀式？很重要的吧？」

我一震，有戲！沒來得及抬頭望他，便又連忙點頭，重重地「嗯」了一聲，「我十八歲了。」自己還沒想明白為啥冒出這句話來，那邊，爸爸已應了一聲「好。」

我如釋重負，滿心歡喜。

而爸爸，忙碌了起來。

他從床底抱出一個封得很好的盒子，找出了多年不穿的皮鞋。小心翼翼地打開，又小心翼翼地擦拭。看我還在邊上發呆，爸爸瞥了我一眼：「看書去！」我坐在凳子上，背對著他，聽著身後儘量放輕的窸窸窣窣的聲響。一會兒，門開了，又關了。爸爸出了門。在這不長的時間裡，我腦袋裡是一片混亂。其實他一直就在那裡，缺席了那麼多次的家長會，有什麼要緊的呢？爸爸還是我的爸爸。也就短短半個小時，讓我對之前的沮喪感到羞愧。我的心有點脹脹的。

待到爸爸再回來時，我很是驚訝。他去理了個頭，身上還穿著件不錯的外套，像城裡人穿的那樣，看上去意氣風發。

發現我在看他，爸爸略有尷尬地解釋了一下：「這衣服是跟你大伯借的。難得一次，不要緊的。你們學校城裡娃多。我是你爸，去不能太寒酸了……」

我一時哽住了。

龍應台的父親開上小貨車送她，停在側門口，不願去正門，怕這舊車老車與女兒教授的身份不相配。天下父母莫不如此。恨不能將所有全都給了孩子，唯恐不盡，不夠好。

爸爸，您也是這個原因，才選擇缺席那些家長會的嗎？

酸澀內疚湧上心頭，淚水溢出了眼。不願爸爸看到，轉過頭去，悶悶地「嗯」了一聲。

爸爸，現在我才明白，您之前的缺席，與您今天的出席一樣愛

得厚重。

今天，我十八歲。

渡江

吳楚樵

蘇省東台中學二〇一二屆
閱讀駁雜，廣泛涉獵，口味不忌。尤喜古典文學與古詩詞。
現就讀於南京大學。

煙波浩渺。

我是涉江而過的旅者，腳下河水深深。兩旁葦草搖曳，於我只是模糊的白色光影。我在牛乳樣濃稠的晨霧裡四下張望。我在尋一葉舟，一葉能渡我到彼岸的舟。

然而來往的小舟倏忽來去，影影綽綽捉摸不定，卻終無人肯停下渡我。我一步一步固執向前，幾近滅頂。有人在舟上用哀滑的眼神望我，對我說：「回去罷。」

我仰頭，是幾近乞求的口吻：「渡我。」

舟上的人搖頭，小舟倏爾遠去。我閉上眼，感到絕望的壓迫與冰冷。這時我聽到一個聲音，安平的，淡靜無波。彷佛看見的只是岸旁蒼白帶露的葦草，而非一個將要溺斃水中的旅人。

他說：「我渡你。」

我上了船，舟中僅他與我兩人，一時只有搖櫓時靜寂的欸乃聲。我終於忍不住問：「你是擺渡的，可知彼岸都有什麼？」

他沒有看我，語聲淡然：「我只是渡。我從未到過彼岸。」

我有些吃驚，便沒再說什麼。而他依舊搖著櫓，雙眼微微下垂著，似在沉思著些什麼，又似什麼都沒有想。

良久，忽然聽見他的聲音：「你可知這裡是什麼渡？」我搖頭，

略有不耐的。我並不需知這是什麼渡，我只要他能帶我到彼岸，我心之所向的彼岸。

彷彿覺察到我的不耐，他沉默許久後，終還是緩緩道：「這叫桃葉渡。」

桃葉複桃葉，渡江不待櫓。風波了無常，沒命江南渡。

我並未聽清他的話，只是遠方江面上隱隱的浮凸讓我驚喜地叫出聲來：「那便是彼岸麼？」

他送我到河邊，沒有上岸。我向他告別時他依舊低著頭，然而那一 那我彷彿看到他眼底透出異樣的光彩。我並未多想，挺起胸大步走向前方，我心嚮往之的彼岸。渡頭的迷霧已然散盡。

我想他始終未能明白我的意思。

我抬起頭，望向遠方濃霧中朦朧而蒼白的葦草。

我是渡。或許不該這麼說，我是渡者，那個承載渡的人。我渡了無數的人，看他們走向心中的彼岸，滿懷躊躇的。只有我知道那並不是。當你踏上那片土地的那一刻起，腳下便是此岸。而彼岸則永遠在河的那一邊，隔了白茫茫的霧望向你。

這便是很多人無法得到自己想要的原因。他們所要的是自己永遠得不到的。這個世上永遠無法到達的地方是彼岸，正如永遠不能到來的日子是明天。換言之，我的渡便沒有盡頭。

我勸他們留意渡。因它是連接彼岸與此岸這兩個遙遙事物的唯一實體。如連接兩點的一條直線，只有他是有形有質的。然而他們只滿懷對這遙不可及的虛無的彼岸的憧憬，竟從未有人留意這漫長而又真實的渡。

渡名桃葉，相傳是王子敬為迎接渡江而歸的小妾桃葉所建。

桃葉複桃葉，渡江不用楫。但渡無所苦，我自迎接汝。

歆羨於這般纏綿婉轉的傳說，我偶而也會迷茫。桃葉有人渡她，是她所愛的男子。千千萬萬的旅者有人渡他們，是如我一般的

渡者。

而我呢？誰來渡我？

桃葉渡其實沒有桃葉，有的只是虛無縹緲的白霧和凝露的葦草。而我渡人，為何卻從未有人來渡我？

我想起之前渡的那第九百九十九個人，他眸子裡閃爍著是如他的先驅者一般對彼岸的渴望。這在我看來是可笑的，因我知道所謂的彼岸是與此岸一般的荒涼，而他們所追逐的只是一個遙不可及的夢。然而他眼中那份堅定執著是我所未見的，他指著遠處濃霧中灰白的淺影欣喜地問：「那便是彼岸麼？」

我該答是。其實是我一直在逃避。只要那是他以為的彼岸。那便是了。有什麼能大過心中所想所念？因了逃避我一直踟躕在渡與不渡之間，忘了每一個人都該有他的起點與終點。因了逃避我始終不願也不敢去想，其實能渡我的只有我自己。

此岸是始，彼岸是終。渡是承轉其間生生世世不滅不息的輪回與救贖。我渡了九百九十九個旅人，最後要渡的便是我自己。

我撐開竹篙，一如以往的欸乃聲。純白的葦草搖曳，模糊的白霧已然消失，眼界中的物象終於變得清晰。這一次，我是為自己而渡。

文章視閾開闊，視角獨特，語言清新，思想深刻。人物內心的獨白更把其豐富的內心展示得無比生動。行文中重視細節的描寫：「有人在舟上用哀潸的眼神望我，對我說：『回去罷。』」「我向他告別時他依舊低著頭，然而那一 那我彷彿看到他眼底透出異樣的光彩。」細節展示了內心的生動。

這篇文章的勝出，還在於為我們濃縮了人生的精華，鍛造了一個典型。細節的表現，增加了文章的深度。

王兆平 胥照方

熟悉

封茂

江蘇省海州高級中學二〇一二屆
同學們都稱我為「理科王」，因為我曾獲得資訊、物理、化學等奧賽佳績，
可我一直迷戀文學世界，在那裡我的情感才得以滋養。文學像一股清泉，
流淌著純真和甜美。現就讀於中南大學。

滴答……短暫的寧靜。

滴答滴答，雨漸漸大了起來，我們開始忙碌……

眼前映出一幅圖畫：漆黑的屋頂下，搖著慘白的燈光，忽明忽暗。爸爸背著手，低著頭，在屋內徘徊，誰也不知道他在想什麼，他鎖眉。終於，他坐了下來，伴隨著一聲「嘎吱」的聲響，父親已將煙點著，一聲不響，吐著煙氣。媽媽是最最忙碌的了，聽到聲響就急匆匆跑向廚房，把剩餘的那些盆和桶一回回地抱出來，放到那些落雨的地方。不一會兒，她的臉上就落滿了水，分不清是雨水還是汗水。她拿著圍裙一抹，又急匆匆地跑回去了。她總是這樣。我是最最快樂的了。不知道什麼緣故，雨天的我就特別興奮，好像總有什麼高興的事似的。這不，我對這些水桶感興趣，弄弄這個，玩玩那個，忙得也不亦樂乎。貓是最最倒楣的，不喜水的它，在下雨天也只能上竄下跳了，停都停不下來。果真如此，家裡不是盆就是桶，別說貓了，人也難以落腳！

一晃好幾年。

在這幾年中，我們村子發生了翻天覆地的變化：平房變樓房，自然不用擔心漏不漏雨了。最大的問題解決了，心情自然舒暢了。

滴答滴答，熟悉的聲音，外面可沒有下雨，我們的目光自然轉

向廚房，只見我的可愛的小貓站在那水龍頭旁，「喵—」地叫。我們明白了，水龍頭是貓開的，貓也在回憶著過去。我伸手將貓咪放在桌上，它安順地躺著，享受著熟悉的旋律。

　　向來安靜的爸爸最先安靜下來了，躺在竹藤椅上，煙沒有了，取而代之的是一首小曲，臉上的皺紋舒展了許多。水珠滴落，碰撞到瓷具上，用生命譜寫了一曲閃亮的篇章。我卻閑不下來，忙碌著記錄這美好的瞬間，我將水關上了，父母睜開眼，我們三人對望了一眼，爽朗地笑了……我們載著笑聲，彷彿回到了過去，回到了那忙碌的時刻。

　　熟悉的旋律回蕩在不同的時刻，回蕩出不同的心態和人生。

　　以擬聲詞開頭，饒有趣味。「滴答」一聲，時間彷彿隨指標再度繞回，直指一個短暫寧靜的雨天，一幅有些陌生卻又熟悉的畫面。文章先聲奪人，作者以清脆的音符為讀者營造了溫馨的畫面：雨天，漏雨的小屋，忙碌而快樂的母親，抽著煙的父親，愜意的「我」帶上一隻貓。雨聲依舊滴答，畫面卻倏得一轉，不見舊屋，不見漏雨。可是小貓卻依舊懷念著那段記憶，撥開水龍頭，「滴答，滴答」，熟悉的旋律又響起。

　　物非人亦非昨日，可是知足常樂的心意卻是熟悉的，鑴刻在生命長河之底，陪我們回望那不同的時刻，不同的人生。具有真情實感的作文，結尾更是「結而不盡，充滿溫馨」，在作者筆下，又增添幾分哲理睿智，引人深思。

郁紅劍

小幸福

潘薇冰

江蘇省新海高級中學二〇一〇屆
無論境遇如何，我都不會丟失看花的心情。
現就讀於香港大學。

「我想過最浪漫的事，就是和你一起慢慢變老。」我凝視著那張照片，腦海中不停地重播著這首多年以前的流行老歌。

照片攝於大地震後五個月。在那片斷壁殘垣前，兩位老人依偎在一張椅子上，蒼蒼白髮在漸西的落日下折射出溫暖的橙紅色。因為背對鏡頭，我無法知曉他們當時的表情，但我相信，那一定是安詳的，是立於滄海桑田之上的從容。

我想，這或許便是小幸福吧！細細碎碎的，如漫天繁星點綴的生命，讓我們一路走來，覺得縱使灰塵滿面，也依然能感受到些淺吟低唱，也依然有些許清風送微香。

當然，小幸福之所在並不僅限於「執子之手」的約定，紛繁的世間仍有許許多多的音符跳動著敲響我們的欣悅。

而我也曾與許多人一樣，時而沉湎於一個人的冥想中，沿著時光回溯，找尋小小的幸福。看到一枚小小的鵝卵石躺在河底、一朵輕盈的花飄落在腳下，或是一次徹夜的長談，或是樹葉在翻動的書頁間留下的斑駁的淡影……它們都以最圓潤的姿態折射出牽動心魄的美好。這時，我的心中就彷彿有涓涓細流撫過，留下一片溫潤。我一直以為，世間的小幸福也不過如此了。

但在前天，當我驚喜地發現桌上一盒打開的生日蛋糕時，立刻

想到了往日和爸爸媽媽一起頭碰頭吹蠟燭的歡笑，想起了自己雙手捧起那碗長壽麵時碗裡飄起的撲鼻香氣，想起了自己分蛋糕給爸爸媽媽時他們眼角溢出欣慰的晶瑩……原來，我竟然一直以來都忘記了身邊這些星星點點的幸福，卻還拼命從回憶中找尋它們的模樣。

在幸福的馬車駛過之後，我才懂得撿起地上的金鬃毛，當做標本收藏。或許，我撿起了一枚小小的鵝卵石，卻差點丟失了整個海洋。

當我再次冥坐於桌前，久久凝視著那張照片。我知道，那些小幸福只有在現實中才更珍貴，而且，它們依然如幽蘭開放在我的身旁。

許多學生作文一下筆就天馬行空，力求往大處寫，生怕寫得不夠大氣。其實，真正的好文章往往大處著眼，小處著筆。本文作者從日常細節入手，敏銳地捕捉到小幸福不能開在夢想中，只有在現實中、在身邊的小幸福才最珍貴。本文由凝視照片引起，到凝視照片結束，首尾照應，結構嚴整。小作者文筆細膩，且非常具有形象感、畫面感，如「頭碰頭吹蠟燭的歡笑」、「雙手捧起那碗長壽麵時碗裡飄起的撲鼻香氣」等。語言淡雅，娓娓道來，如同一杯香茗，氤氳著香氣、霧氣，交給讀者慢慢品嘗，讓讀者一起感受身邊的小幸福。

席紅

那一刻真美好

周睿璿

江蘇省東台中學二〇一〇屆

心系天下。喜歡文學卻不想以文為生，因為我是一葉不系之舟，
因為我希望兼濟天下，因為我是為改變這個世界而生。現就讀於北京大學。

你先別說，待我把那一刻的美麗釀成溫潤如玉的美酒送給你，
它不是烈性的二鍋頭，濃得醉人；也不是甜綿的女兒紅，黏得迷
人。

但那一刻如舊時歲月雕鏤的香片，輕輕一扣，細細品嘗，便會
散發了脈脈愛的馨香，萌生出盈盈愛的詩意。

那是掛在秋日枝頭的一段和煦溫暖的時光，田野上大片大片的
菊花豔著，張揚招搖著野性的美麗。

蝸居在外婆家，心卻如遍野的菊花在一個個秋風颯爽的日子裡
馳騁著，飄揚著。

玩累了，便回到家中看著電視，心被電視裡人物的悲歡離合牽
引著，宛如步入他們的環境，沒有了自我。

外婆走進來了，如欣賞藝術品一樣看著我。我被她看得不耐煩
了，不高興地抬起頭，說：「哎呀！你怎麼總是看著我，我不喜歡
別人盯著我看。」外婆不好意思地收回目光，我注意到她眼睛裡閃
過一絲歉意和失望，她緩緩地走出房門，手裡似乎捏著幾朵細巧的
鳳仙花。

「外婆！」

「怎麼了？」她轉過身，顯然有些詫異。

「你手裡是什麼？」我走上去。

「哦，是鳳仙花。」外婆說，「你小時候最喜歡這些花花草草，我本來想把這些花摘給你聞，沒想到卻打擾了你。」那絲歉意又回到外婆早已渾濁的眼眸中。

似乎有什麼東西輕輕觸動著心靈最深最柔軟的所在，心不再馳騁於纏綿的電視情節中，它靜靜地停留在愛的芳草地上，那細微的如鳳仙花一樣不引人注目的愛馴化了它的野性，所有關於花、關於愛的記憶都在那一刻重新盛開：

外婆把火紅的月季插在我的羊角辮上，心情也如一團火一樣溫暖燦爛；

外婆把青翠的鈴鐺草繫在我的衣扣上，微風吹過，身上如有佩環作響；

外婆打著雨傘去桃園裡為我采來枝枝帶著晶瑩雨水的豔麗的桃花……

我輕輕地走到外婆身邊，說：「外婆，幫我插上鳳仙花，好嗎？」

一縷陽光斜斜地從窗戶裡射進來，灑下點點光斑和盈盈溫暖，無數細微的塵埃在陽光下輕舞飛揚。

我蹲在外婆身旁，讓外婆像無數的過往一樣輕輕地把花插在我的馬尾辮上。縱然我已不再是那時的小女孩，但仍像那個繫著羊角辮的小女孩一樣倚著外婆，感受著久違的愛的溫暖，來自天上，來自人間。

外婆渾濁的眼睛似乎在那一刻變得明亮起來，不知是不是有光的緣故。

因為那一刻的美好，一個平凡的秋之午後變得有如天堂，有如夢境。那粒粒細微的塵埃如天使一般在外婆身旁飛舞，吟詠著人間的愛之音。

我把這壺酒送給你，願你的心也在我的文字中獲得滿懷的幸福，願這壺酒的香氣氤氳你的生活。雖然香氣是那麼的微弱，但我相信，溫潤的它卻足以使你口齒留香。

　　那一刻真美好。這美好，需要我們用心去體味，從而捕捉到生活中「真美好」的那一刻。而那一刻，就是細節。生活就是這樣，捕捉到生活的細節，文章就會生動起來，就會深刻起來，就會打動人心。

　　文章最可貴的地方在這兒，最美麗的地方也在這兒。因此，把外婆給她戴鳳仙花這樣平常的故事寫得生動傳神。小故事蘊含大道理，小小的細節中包蘊的卻是外婆的超重的愛心。作者文筆的細膩，立意的高遠令我們感動。

王兆平、胥照方

生氣

王睿

江蘇省新海高級中學二〇一三屆

對文字充滿情感，自然安靜。現考入蘇州大學。

天的墨布被雲燒得發紅，月亮也融化了，那清涼的白色淹沒在炙氣裡，只覺得天燒得更旺了，像是魔鬼的手杖，發燙地劃破一道道血淋淋的口子，淤成一大片泛紅的創。

我案頭的燈似乎也驚恐地眨巴了眼睛，發出「滋滋」的聲響。那時還小，人總是會那小來搪塞事情，而大人也總是習慣性地接受了這個理由，但這並不是總有效的。我的手微微地打著戰，因為已經聽到對面屋裡躥得老高的火苗。母親用極微弱的語氣試圖澆滅盛火，像是屋外零星的雨絲，想要滅整個天空的火。

「叫她過來！」屋外的風刮得更響了，雨簷將微雨的聲音放大，我內心的恐懼也一點點放大。母親拉過我的手，小聲地囑咐著，但我腦子裡只是大片的空白，話從耳朵裡暢通地穿過了，沒留下一點印象，只覺得天空被紅色燒成了灰爐，冒著炙人的熱氣。

「說實話，究竟考了多少！」我的脖子像是被鎖住了，不敢抬頭，只聽見她響雷一般的聲音。一陣短暫的沉靜碎了天空，橫過數道尖亮的刺，緊接著又是轟轟隆隆滾過的雷聲。沉默攔不住兩頰玉箸，糊了眼，忍不住開始抽搭，可這似乎於事無補，往往我們以為孩子最大的武器是眼淚，可就是眼淚並不能彌補過失，於是如今我明白在自己的過失挫折面前，永不要妄想用哭來解決一切。猛地，

我感到天地一片旋轉，她有力的手拎起我的領子往外走，我害怕地哭得很響，「還委屈！我養你這麼大是教你騙人的嗎！」我很想辯解，話卻哽在了嗓子裡，天空終是炸裂開來，落下來黑得發亮的碎片打得人腦殼兒生疼。她大步地往門口去，風乾嚎著，撕扯著天空的碎片，攪成豆大的淚水澆透了她全身，可為什麼還是，還是不能滅火。我不住地打戰，我害怕，害怕她把我猛地摔在破碎的天空裡，雨涼絲絲地刺著渾身的皮膚，我感到她在發抖，不知是冷還是怒。

「人可以一輩子沒出息，但絕不能沒良心。」我記得她告誡過我，可我還是以自己是一個小孩來搪塞自己，別人家的孩子撒個小謊什麼的不也是很快就被原諒了麼。

可我錯得太徹底，她說過「小孩成績可以不好，但絕不能撒謊。」謊言再美，也是虛假的。

我被她用夜關在世界的籠子裡，如今每每想起，仍是神經一陣陣發緊。但我卻還是慶倖，因為我懂得人的一切生存，生活的基礎，是先有一份真誠，她掐掉我心裡虛偽的芽，留下一個坑，拎著我的腦子，清醒地跨過去。

情感得以淋漓盡致地展現，往往來自於扣人心弦的矛盾。作品挖掘平凡生活中不平凡的經歷與情感，通過激烈的衝突、生動的細節描摹，彰顯真實的人物個性，映照現實，揭示真誠向善的人性主題，引人深思。

語言乾淨俐落，極具張力，一觸即發的緊張氣氛被烘托得十分到位。景物描寫濃墨重彩，大膽的色彩對比強化了情感，貼切的比喻攝人心魄，主題的點化水到渠成。

李春芹

變質

高雅

江蘇省新海高級中學二〇一〇屆
喜愛萌系小動物，或許喜歡趴在太陽下睡懶覺，
但思維從未停止流浪。現就讀於香港中文大學。

　　寒風還在忙不迭地灌進他的領口，蛇一般盤繞身軀螺旋遊走。

　　他縮了縮，扯著散了線的毛衣領子試圖將自己的臉埋得深一點、再深一點，用自己的體溫溫暖凍僵了的臉。這個寒風肆虐的酷冬，流下的淚也只會徒勞地用冰冷刺激自己更加清醒，繼而結成一層薄冰，揉一揉，玻璃碴般碎了一手一臉，有零星針尖般的刺痛，卻劃不下一絲一毫微紅的痕跡，彷彿那霎時的疼痛感只是穿透僵硬的表皮一針一針戳在柔軟的深處，永無休止。

　　他擰了擰眉毛，伸出雙手小心翼翼地揉搓麻木了的雙膝，沒有痛感，沒有冰冷，彷彿只是一截粗老的死木頭，甚至他都不覺得那截木頭是實實在在紮根於自己身上的。那是自己的麼？他自嘲地扯了扯嘴角，苦澀的笑容被寒風凍死在臉上。

　　是啊！那居然是自己的腿、自己的膝，自己的父母賦予自己的健全的腿、健全的膝，想不到有朝一日，竟會如此孤獨悲愴地硬生生砸在這死灰色的水泥路上。白眼、笑　、侮辱、鄙夷，似乎所有自己不曾親歷過的醜陋一瞬間爆發，瘋狂擠進腦海，顛覆了他對整個世界的脆弱幼稚的感知。

　　街道上盡是些行色匆匆的行人，裹在妖裡妖氣的裘毛大衣裡彷彿電影鏡頭般在膠片上一閃而過。擱了很久會有幾個神色高傲的公

子哥兒叼著煙捲兒覷著眼頗有興味地讀他膝下壓著的泛黃皺邊的求助信，樂哈哈地噘起嘴巴吐出幾個煙圈兒，看耍猴兒似的扔下一枚一角硬幣。那硬幣便也配合地「叮叮噹噹」敲擊他的飯盒，滑稽地「滴溜溜」轉著圈兒不願停歇。

於是，他便會恍惚，彷彿眼前的景色只是一層慵懶的浮煙隨著漸次繁華的都市被流水洗得模糊。這就是從人性中挖掘出的東西麼？如此骯髒，如一攤令人作嘔的淤泥。

他還記得，那時父親並不是這樣說的，父親說，從人性深處挖掘出的，應該是對一切痛苦與災難感同身受的憐憫。那個叫「憐憫」的東西，是整個人類社會的防腐劑。有它的存在，社會才不會腐爛和變質。

可他分明窺見，被炫彩的霓虹燈包裝起來的城市，已經腐爛了，宛若一襲華美的長袍，裹著無數蛆蟲。它們在叫囂著腐爛，叫囂著墮落，它們瘋狂地撕扯著他的自尊，撕扯著他胸腔裡那星點暖暖的溫度。

那點溫度，是他慈祥和善的父親親手為他種下的。那時父親牽著他的手，馬路上有「嚶嚶」的哭泣聲。他親眼看見父親蹲下腰摸了摸那衣著破爛的小女孩的頭，把手裡拎著的熱氣騰騰的肉包子塞給了她。小女孩的臉很髒，鼻涕眼淚胡亂被冷風糊在小臉上，眉眼間卻綻開了清香四溢的花。父親回頭沖愣在那裡的他說：「憐憫，是從人性深處挖掘出的對一切苦痛與災難感同身受的博愛。」

他眨巴著大眼睛，茫然地點了點頭。

「你要記住。」父親定定地望著他，眼眸中的堅定如一支箭射入胸腔穿越層層時間與空間的風霜。

他僵跪著，胸腔被那星點火種漲溢得滿滿的。

他還在這裡。

父親，卻已經走了。

有蹦蹦跳跳雀躍著歡歌的小女孩跑近。他茫然地抬起頭，瞅見她翹著一晃一晃的羊角辮。她很乾淨、很清秀，卻無端催醒他記憶裡那個髒兮兮哭著鼻子的小女孩。她張著嘴巴，認認真真一字一句地用她模模糊糊的嗓音讀他膝下壓著的求助信，不時抬頭天真無邪地沖他眨眨眼睛。「哥哥你缺錢上大學麼？」小女孩歪著頭甜甜地笑了，轉過身小鳥兒一樣飛到迎面走來的女人懷裡，嘰嘰喳喳地叫起來，「媽媽，媽媽，這個哥哥缺錢上大學呢！我們給點錢給他吧！好不好呀？」

女人從裹得嚴嚴實實的大衣領子裡勉強瞄了他一眼，一把抓起小女孩的手避瘟疫似的遠遠繞開跪僵了的他，腳步急促，拖得小女孩跟跟蹌蹌。

一瞬間，他覺得密密麻麻惡毒的箭齊刷刷向他射來。

他起身，卷起斑駁得被風刮起層層毛邊的求助信，將地上的課本一本一本小心翼翼地拾好緊緊抱在胸前。那裡僅有他微薄的暖意，溫暖這孤單的課本。它為他開闢了孔子的「仁」，為他闡釋了羅素的「悲憫」，為他展示了特雷莎修女的「愛」，卻無法為他創造理想化的世界。

他邁步，飯盒遠遠落在身後，連同那些嘲諷的「叮噹」聲，一併拋棄。

那些心被撕裂、世界觀被顛覆的畫面終於再一次吞沒了他，尖銳車聲下四濺的鮮血、白布下父親留給他世界的最後的安詳、權勢庇佑下永遠打不贏的官司、錄取大學發下的一紙天文數字……

眼前橫臥的鐵軌縱橫延入天際，他默默地放下那摞書，俯身，鐵軌的冰涼親吻著他的身軀。

那個天真的小女孩，終究也會被這漫無邊際的物質暗潮淹沒吧？

他微笑，閉上眼睛。火車呼嘯而來的瞬間他終於真實觸碰到了

那久違的溫暖，來自他的胸膛，潮水般沒過他的微笑。這是他能夠奉獻給這個世界的一切，也許，鐵軌能記得。

這個世界，只有自己才能溫暖自己。

寒風還在吹著，被刮開的書頁裡特雷莎修女的臉頰上多了一滴眼淚。

那是剛才高談闊論叫囂著揚長而去的黃頭髮青年噴下的唾沫。

> 文章借助一個年輕人的眼睛，展示了現今社會的眾生百態，深刻揭露了現實社會的殘酷以及人性的缺失，思想很有深度，極具批評意義。作者有著很強的駕馭文字能力，細膩的心理描寫、傳神的細節刻畫、生動的場景描都給讀者留下深刻的印象。語言深邃，有著發人驚醒的力量；結尾有力，看似戲謔的文字，讓人不禁掩卷沉思。
>
> 席紅

CHAPTER **11**

文化氣象

讓文化氣象成為學生作文獨特的風景

江蘇省如皋中學 王學東

（江蘇省中學語文特級教師、教授級中學高級教師）

何為文化氣象？就目前所見到的辭書似乎沒有相關的詞條。我們要解讀這個短語，只有先分解組成這個短語的兩個語素，然後再綜合理解。

先說文化，文化是一個非常廣泛的概念，迄今為止仍沒有獲得一個公認的、令人滿意的定義。籠統地說，文化是一種社會現象，是人們長期創造形成的產物。同時又是一種歷史現象，是社會歷史的積澱物。確切地說，文化是指一個國家或民族的歷史、地理、風土人情、傳統習俗、生活方式、文學藝術、行為規範、思維方式、價值觀念等。文化是人類發展進化過程中逐步掌握的能改善人類生活的知識、能力、習慣的總稱。它分為兩個方面：一是物質文化，種植技術、手工藝技術、工業技術等；二是精神文化，文學、繪畫、哲學、音樂等。具體到作文中的文化顯然指的是精神文化，是在作文中體現出來的文化的積累和文化的素養。

「氣象」在《現代漢語詞典》上有四解，適合此處的顯然是第四解：氣派、氣勢。

綜合起來說，學生作文中的「文化氣象」就是指作者在作文中所體現出來的豐富的文化知識或深厚的文化底蘊。

無論是高考，還是平時競賽，閱卷老師對散發著濃郁的文化氣象的作文總是情有獨鍾的。

　　先請看這樣一篇以「拒絕平庸」為題的高考優秀作文：

　　不由得想起早上過來趕考時瞧見的一家小餐館，名為「風沙渡」。獨這三字，意境全出，那雜亂的店面也彷彿不嫌粗陋，而自有一種粗獷渺遠的豪情在胸中激蕩了。

　　只是一個招牌，卻可以讓這一家平凡的餐館從一干「某氏餐館」、「某某小吃」中脫穎而出，這就是超越了平庸的力量。

　　不由又想起一群人，他們也曾坐在這考場，也曾為了理想而奮鬥，而他們現在，叫做「蟻族」；他們的住所，叫「蝸居」。當社會的風霜吹涼了熱血抹平了稜角，當學過的知識沒有用武之地丟棄在腦海盡頭，他們早忘卻了身為高學歷人才的驕傲，沉寂了，平庸了。最可悲的不是身居不足盈尺的斗室，也不是食不果腹衣不保暖，而是喪失了理想和追求，只剩下忍讓順從。沒有人生來就是任人踐踏的草芥螻蟻，但如果有一顆甘於平庸甘於卑賤的心，那唯一的歸宿就只是螻蟻。

　　要成為強者，必先有一顆強者之心；要俯瞰平庸的眾生，先必有一股「登臨意」。對，登臨，是辛棄疾「把吳鉤看了，欄杆拍遍，無人會，登臨意」的登臨，是杜甫「會當凌絕頂，一覽眾山小」的登臨。

　　是否有一顆強者之心，一顆超脫平庸的心，是平庸與出眾者的分水嶺。人只是會思想的葦草，最高貴的就是會思想。所以人的高貴來自靈魂，來自思想層面的高貴。有了一顆拒絕平庸的心，終有人會從你眼中的堅定，從你不俗的談吐與緊握的雙拳看出你的不凡。即使結果還是不盡如人意，即使會有「心比天高，命比紙薄」

的詆毀，即使「零落成泥碾作塵」，仍會有「香如故」。

　　「蟻族」又如何？若心懷鴻鵠之志，俯視那有著優厚境況的燕雀，我堅信：終有一天，能「扶搖而上九萬里」，「朝游北海暮蒼梧」，攜長風，浩蕩而去。

　　相信「風沙渡」的主人不會是一個平庸的、世俗的商人吧？如果不是一個來自黃土高原的漢子，也必是腹藏詩書但不得不囿於世俗的文人。否則，怎會有如此豪情、如此透著古韻氣息的招牌？

　　拒絕平庸，世界有你而精彩。

　　我必去「風沙渡」。酒菜已不重要。小酌後，與老闆相視而笑出門去，我輩豈是蓬蒿人？

　　這是一篇散發著濃郁文化氣象的佳作。細讀本文，有一股靈動之氣撲面而來。首先是開頭就不同尋常，作者以當天趕考路上偶然瞥見的一家餐館名「風沙渡」作引，材料十分鮮活而又切合題旨。看似信手拈來，其實匠心獨運，作者在將它與其它餐館名的對比中慨歎其具有「超越平庸的力量」，自然就與文題「拒絕平庸」相照應了。一位高考閱卷專家說這是「一種即興的慧解與內在的積澱交相激蕩，上升到思想層面的高貴，鼓舞起粗獷渺遠的豪情，使文章既有『意識流』式的自在順暢，又有哲思性的闊大視野和空靈想像」。作者的思維是跳躍的，他沒有再繼續糾纏於店名，而是由店名聯想到生活當中那些曾經的「天之驕子」們，現在僅留「一顆甘於平庸甘於卑賤的心」。當然作者並無意於花太多的筆墨去譴責這些慵懶之輩，而是筆鋒一轉，為甘於平庸者開出了治「庸」的藥方，那就是要「有一顆強者之心，一顆超脫平庸的心」，要有「高貴的思想」還要「心懷鴻鵠之志」。這就將議論上升到「怎麼樣」的層面，使文章有了深度，也有了厚度。在這個層次中尤其令人稱奇的是對「登臨」的議論，那「對」、「登臨」三個字讓讀者感覺作者是在偶

然間的靈光一閃，猶如神來之筆。文章結尾又回到「風沙渡」的店名上，這次店名的出現不是開頭店名的簡單重複，而是在探求店主人到底是個什麼樣的人，由「名」而「人」，最終回歸拒絕平庸的主旨。全文上下勾連，一氣呵成。

再讀本文，你還會有一股豪氣在胸中激蕩。作者在開頭評價「風沙渡」店名時就用「自有一種粗獷渺遠的豪情在胸中激蕩」寫自己的感受。也正是帶著這份豪氣，作者鄙夷那些被「社會的風霜吹涼了熱血抹平了棱角」的「蟻族」，把他們看作「草芥螻蟻」；還是帶著這股豪氣，作者引用了辛棄疾、杜甫的登高致遠的詩句，其實，這兩個人的「登臨意」是有區別的，辛棄疾的「把吳鉤看了，欄杆拍遍，無人會，登臨意」是一種懷才不遇、壯志難酬的無奈；而杜甫的「會當凌絕頂，一覽眾山小」則是一種更上層樓、藐視一切的豪情。作者引用這兩個人的詩句意在告訴人們，一個人無論是失意還是得意都應該拒絕平庸；仍然是帶著這股豪氣，作者希望那些被稱為「蟻族」的人們能像莊子《逍遙遊》中的鯤鵬一樣。這是何等的氣魄！這是何等的豪情！很久沒有讀到這樣大氣磅礡的高考作文了。

認真品讀本文，你又會感覺到一陣陣書卷氣撲鼻而來。現在不少老師常常感歎學生作文語言平淡乾癟，簡直到了慘不忍讀的地步。而本文卻引用豐富，文采斐然。作者對「風沙渡」的店名情有獨鍾就說明他有著深厚的古典文學的功底，否則，他是不可能從這三個字中感受到「粗獷渺遠的豪情」的。另外，文中有七處引用了古代詩文，而且都引用得恰到好處。由此可見，作者平時學習古代詩文已經不是盲目背誦了，而是到了融會貫通的境界了。除了引用古詩文，作者在行文中的用語也很典雅形象，如「當社會的風霜吹涼了熱血抹平了棱角」等都是透著文人氣息的可圈可點的佳句。

下面我們再來欣賞一篇以「假如我是莫言」為題的競賽獲獎作文。

此時，真正的那個莫言應該還在瑞典斯德哥爾摩，剛領完獎，剛在閃光燈下接受完各路記者的採訪，可能還沒來得及意識到，自己剛說完的一席包括涉及對版稅問題看法的話語，已經成為中國大大小小的報刊的頭版頭條，成了印刷廠裡機器日夜工作的動力。

假如我是莫言，我一定會好好珍惜這個身份多言幾句。

曾有人調侃，中國有個「國情」：凡獲獎第一件要做的是事是感謝國家。我想我會保留感謝的形式，但我將把第一個感謝的物件留給陳安娜女士，我的作品瑞典語的譯者，以及以她為代表的漢學家、文學翻譯工作者群體。我相信每一部成功的文學作品，如果它能吸引全世界的目光，一定不是僅僅因為有一個偉大的作者，而是在很大程度上歸功於它的背後有一個偉大的譯者。作家總是無私地奉獻出他的思想與智慧，可如果沒有了這些翻譯工作者們的努力，那些文字精華將如何跨越語言、地區的界線而得到傳播？可能有人將他們看作文字轉碼器，但我不這麼認為。優秀的翻譯遠不僅限於字元間精確的轉換，它需要譯者用高度的熱情去感受異國語言背後的文化，保留原作者獨特的創作風格。能與陳安娜女士以及其它幾位譯者合作是我的幸運，感謝她讓更多外國人認識到一個真實的中國、真實的高密。另外，還要感謝廣大讀者，尤其是有的讀者收藏著我的每一部作品，真的讓我很感動。而對於那些因為我的獲獎而跟風惡補、搶購我作品的讀者，也感謝你們為實體書店、網路書店以及出版行業發展作出的貢獻。

獲獎的確是一件非常幸福的事，不過在有些時候，這種幸福的味道實在有點怪。

比如我曾經連續一個星期天天在電視、報紙、雜誌和網路上看到自己的臉，欣慰的是諾貝爾文學獎的熱度用不了多久就會過去，總會有下一個焦點進入人們的視線。而我不太能接受的是看到自己

的臉被隨意地貼在各種各樣的商業廣告上，成為商家們牟取利益的助推器、推廣產品的代言人。於我自身而言，我也會仔細地鑑別、慎重地選擇洶湧而來的與文學無關的活動邀請。

最讓我頭大、倍感無奈的還是老家高密。面對政府雄心勃勃的改造、建設，我甚至覺得有些內疚。相比人氣旺盛的旅遊景區，我更願意家鄉還是原來的樣子，哪怕破舊一點，落後一點，因為我怕有一天真的只能在自己的作品中才能找到老家的影子。我深知發展是必需的，前進的腳步是不可阻擋的，但有時我又會想，如果沒有了這個諾貝爾文學獎，老家是不是還是會像以前一樣，它改變的腳步，會不會比現在慢很多？還有與此同時大熱的作家文化館、文學博物館，我欣賞它們的存在卻也為它們今後的命運擔憂，我無法揣測現在進入的那些腳步有著怎樣的動機，它們是否會在我的利用價值被開發掘盡之後消失殆盡？如果真的有明日的荒涼，我情願不要看到今日的這番繁榮盛大。

這次得獎也讓很多人發現了文學與影視「聯姻」帶來的巨大驚喜，不過對於那些已躍躍欲試的躁動不安的心，我要奉勸一句：不是所有的合作都能成為雙贏，如果只是奔著票房、銷量、成名而去，那你一開始就輸在了起跑線上。

假如我是莫言，假如我無法拒絕已發生的天翻地覆的改變，那麼我要多說幾句，以我之言啟發他人，提醒人們諾獎背後的思考。作為一個假莫言，也衷心希望未來中國能出些諾獎的物理、化學第一人，讓文學獎第一個莫言不寂寞孤單。

「假如我是莫言」是二〇一二年十二月八日在南京舉行的江蘇省第十一屆新語文學習杯「中學生與社會」作文大賽的命題之一。當時是三題選一，命題時，命題專家以為選擇此題的學生一定會很多，因為當時

莫言成為中國大陸諾貝爾獎破天荒的得主，引發了媒體鋪天蓋地的轟炸，莫言也成了最熱門的人物。沒想到，選擇寫此題的學生卻很少，原因其實很簡單，不少中學生對莫言知之甚少，不知從何落筆。但我們也發現選擇此題寫作的學生都是有備而來的，這些學生對莫言其人，對莫言其著都有廣泛的瞭解，所以，這些學生的作文的文化氣象就非常突出。以上這篇作文的內容就相當豐厚：有對譯者的感激之情，有對讀者的感動之意，有獲獎後被推上峰巔的清醒，有對家鄉政府綜合開發旅遊資源的冷峻，有對文學與影視「聯姻」的思慮，有對更多的諾貝爾獎中國得主的期許……表現了作者積累的豐富和思想的深刻，文化氣象撲鼻而來。

品讀了富有文化氣象的佳作之後，我們除了激賞之外，是不是也該想想，我們怎樣才能寫出這樣充滿文化氣象的文章來呢？我提三點建議：

要廣泛閱讀。古今中外，天文地理，都要廣泛涉及。知識面廣了，寫作時就能思接千里，意湧八方。

要及時摘抄。閱讀時手邊要準備一支筆和一個摘抄本，看到好詞好句要及時摘抄下來，摘抄時最好分門別類，查檢時就方便多了。

要適時滲透。我們也發現，有些同學書也讀得不少，摘抄也做得不少，可到了寫作時什麼都忘了。我們應該學會在行文時及時滲透我們的平時所讀，我們要努力讓讀者，也就是閱卷老師感覺到寫作者的文化積澱的深厚。

由此，我們又再一次想起杜甫的名言：讀書破萬卷，下筆如有神。等我們胸中真有了萬卷書，我們的作文何愁沒有文化氣象呢？等我們的作文有了文化氣象這道獨特的風景，又何愁閱卷老師不給我們高分呢？

獨一無二的過寒菜

劉岳

江蘇省海州高級中學二〇一三屆

一個陽光、上進的理科男，喜歡籃球、游泳，喜歡音樂、剪輯，

喜歡創造性設計，也喜歡思考生活萬象，並在文學的天空裡放飛想像。

曾獲江蘇省「高考杯」作文大賽一等獎。現就讀於西北農林科技大學業。

它沒有北京烤鴨那麼味道醇厚，它沒有羊肉泡饃那麼鮮美濃郁，它也沒有紅燒獅子頭那麼鮮嫩精細，但它的清淡微澀，如「參差荇菜，左右流之」般讓我鍾情、沉醉。

它就是我家鄉的過寒菜，獨一無二。

過寒菜，顧名思義，是生於凜冬、助人過寒的一種蔬菜。說它獨有，是它只生長在我的家鄉——千年古城海州老城牆根下，其它任何地方長不出來。它菜稈長，比一般黑油菜長出一倍；菜葉深綠，葉邊呈鋸齒狀，摸上去輕微地刺人。每年均有好事者硬在其它地方培植，費盡九牛二虎之力，長出來的過寒菜不光菜稈矮，葉邊光滑；更關鍵的是，怎麼吃也沒有那個辣味和澀勁。

三九寒天，冷冽的陽光下，過寒菜與海州古城一道笑迎北風。只有經過三九嚴寒的歷練，過寒菜那潔白如玉的長杆中才會泛出絲絲亮紅色。正是這壯烈的紅色，給過寒菜增添了禦寒的血性，你才能品出一絲辛辣，一份微澀，一味清爽。這也正是過寒菜「味壓群雄」的過人之處。

過寒菜的做法如小蔥拌豆腐般簡單明瞭。它可燒，可炒，可涼拌，還可做成餡子包餃子吃。在吃過寒菜的前一天，取些黃豆，用海州城雙龍井那清冽甘甜的井水磨漿，點豆腐。最美味的吃法——

過寒菜燒豆腐，簡單至極卻味美無比。先用豆腐製成湯羹，起鍋前撒上一把過寒菜，再燜上一分鐘便可出鍋。寒冷的冬天，熱氣騰騰的過寒菜端上來，綠色的菜葉散落在豆腐叢中宛如一朵朵盛開的花，散發出陣陣誘人的香味，令人垂涎三尺！先舀上一勺，吹口氣喝下，濃郁的豆香纏著一股爽辣味，瞬間將全世界的嚴寒沖走，只留下一個暖陽。只需這道菜一上，如同蟹過無味，就是再嘗山珍海味，也味同嚼蠟。那嫩滑的豆腐進嘴便滑下喉頭，爽口的過寒菜在咀嚼之後便將那絲辣味塗滿味蕾，隨後溫暖便充盈在身體的每一個細胞。有了過寒菜，再寒冷的冬天也易度過；一道過寒菜燒豆腐，就能豪情滿懷地將整個冬天燴入菜中。

過寒菜不僅是桌上美肴，更是家鄉人的夢想、寄託、思念。它在古城人的心中埋下了一顆溫暖堅韌的種子。這種子，愈寒冷的時候愈抽芽，然後快意地生長。就如劉鴻伏先生所說，「它那每一棵根芽，都能長出一個春天。」我有時想：若是辛棄疾失意地踏上海州塔山古道時，能吃上一碗過寒菜燒豆腐，恐怕也能聊發少年狂，重整戎裝了吧？

歲月的輪回可以消磨我們的生命，但無法消磨掉我對過寒菜的念想；物欲的世界可以迷離我們的家園，但過寒菜彷彿風箏的線，不管我漂多遠，都難以割捨；終將散場的青春可能會將我的夢想擊碎，但家鄉的過寒菜是我內心保留的一塊溫柔的地方，讓我心懷溫暖，直面現實。

日啖過寒菜一碗，不妨長作海州人。

本文帶有濃厚的地域飲食文化色彩，讀來饒有趣味。作者在說過寒菜，也是在說海州人的生活，但作者不是純客觀的描述，其中融入了作者對故鄉濃厚的感情。語言細膩生動，將過寒菜

獨特的味道描摹得細緻入微：「那嫩滑的豆腐進嘴便滑下喉頭，爽口的過寒菜在咀嚼之後便將那絲辣味塗滿味蕾，隨後溫暖便充盈在身體的每一個細胞。」這樣細緻的描繪隨處可拾，體現了作者語言的功力。另外，文章結尾兩段非常精彩，作者將自己對青春、生命以及家園的理解與過寒菜建立聯繫，使文章有了深度。最後化用蘇軾的詩句來做結，簡明扼要，餘韻悠長。

周豔

俯仰之間

陳秋伊

江蘇省新海高級中學二〇一三屆

安靜內斂，喜歡在文字中尋找心靈的發現，然後用筆表達出來。

現考入清華大學。

　　時光打馬而過的瞬間，總會留下似錦繁花，開遍人生的整個山坡。執著於仰望，便忽視了腳下的絢爛芬芳；習慣於俯首，又看不到高處的旖旎風光。其實，俯仰之間，最美的風景已然呈現。執著於仰望，沉浸於茶杯中逸出的清香。殊不知，俯首，曼妙的茶舞便躍入眼簾。

　　月夜，絲絲縷縷的月光透過窗櫺，斑駁地照在茶几上。我手捧一杯清茶，望著那嫋嫋上升的熱氣，浸在滿室的茶香之中，心情卻莫名煩躁——文理分科後，新的競爭環境讓我有些手中無措。媽媽看著我習慣性的 45 度角仰望，淺淺一笑，攜我到廚房——她要泡茶給我看。這是我第一次俯首，細細觀察沖泡過程：沸水沖入茶杯，原本沉靜的茶葉紛紛舞動起來，那一片片人字型茶葉隨水波翻騰、跳躍，在水中旋轉，輕盈地蕩起又緩緩落下，像一群優雅的芭蕾舞演員，用生命演繹出一支絕妙的舞曲。

　　我明白了！生活正如泡茶，經受住沸水的煎熬，才能成就那清新靈動、形美、色透、香濃、味醇的一杯好茶！

　　俯首，茶香注入心間，茶舞映入眼簾，心靈的淡然隨之而來。

　　習慣於在雪天俯首，謹慎地看路。殊不知，仰頭，便能徜徉於素白純淨的心靈天空。

雪已連綿地下了幾天，我走在路上，一步一步向前挪動，滿眼是被車輪碾過的、灰沉黯淡的雪。突然，耳邊傳來一句歡呼：「快看天上，好美啊！」於是，輕輕仰起頭，怔在了原地。

滿眼素白。

此刻，無法不傾心於這銀裝素裹的天地。隨著飛舞的雪花，我的思緒飄向遠方……我彷彿看到，北方的曠野中，一位秀氣的男子在雪中淺淺吟出「冷處偏佳，別有根芽，不是人間富貴花。」他是納蘭容若，一個雪一般純潔的男子。轉瞬，雪落滿了他的眉，他的身影也漸漸羽化，唯有他灼灼的目光，越過塵世，直抵我心。於是，我更用心地感受，感受著雪花輕輕吻上我的臉龐，又慢慢融化成冰，順著心窩的弧線蜿蜒流下。雪花雖不是花，卻何嘗不比世間所有花都潔白純淨？

仰望，讓我與容若心靈交會，更讓我邂逅了純淨的雪與心靈的天空。

俯首，陶醉於《詩經》的優美清新之中，仰頭，在腦海勾勒出心中的那片桃花源。

一直認定，自己前世是遠古的女子，否則，怎會在遨遊《詩經》中時，臉上的微笑，如同花兒在花期中一樣，絢爛地綻放？

我以為《詩經》是要一俯一仰才能讀出其中意蘊的。俯首，品讀《擊鼓》那句「死生契闊，與子成說；執子之手，與子偕老」沒有海枯石爛的永恆亙古；沒有「山無棱，天地合，乃敢與君絕」的決絕剛烈；亦沒有楊貴妃「輾轉蛾眉馬前死」的柔情悲壯。只是一句淡淡的期許，那溫暖卻綿延千年，催生了我的淚。

仰頭，眼前躍出那溫馨卻感傷的畫面：男主人公被捲入戰爭的漩渦，又不幸地隕落下來的死亡的流星擊中，終於在戰場一隅，口中念著這句約定，緩緩合上了雙眸。而站在時間彼岸的我，早已淚眼婆娑。

一俯一仰，我在《詩經》中徜徉，尋覓著屬於自己的古典的氣息。

　　春去秋來，花謝花開。人生路上，每一步都是風景，俯首去探尋，仰頭去發現。俯仰之間，那美便永恆！

　　題目有一定的難度，但作者很聰明，破解得很好：俯仰之間，能看到「最美的風景」。

　　媽媽「泡茶」，我俯首觀察——這是生活中的一個場景，一個片段。人字型茶葉「隨水波翻騰、跳躍」的細膩描寫，引發了「我」「生活正如泡茶」的沉思和感悟。俯首「觀茶」，仰望，賞雪。寫仰望，描繪了一個「彷彿」看到「一個雪一般純澈的男子」納蘭容若吟誦詞句的場景，把自然風光和人文圖景結合在一起，既是一個自然場景，又是一個理想境界，形成了一個迷象的視角和絃，旨意遙深。再寫在《詩經》裡俯仰，實際上就是讀詩和品詩。把「俯仰」匯攏，「尋覓著屬於自己的古典的氣息」。

　　結構有起有收，有分有合，在富有詩意的情感之流裡體現出嚴謹性。

　　因生活或自然場景觸動感發，感興交會，體合妙有。化用古人詩詞句子，以寫詩的做法作文，文有詩意，顯示一定的文化氣象。

　　　　　　　　　　　　　　　　　　　　　　　　　李震

568

筆尖上的成長：名師帶你讀作文　卷一・下冊

櫻花九月別樣行

王辰成

江蘇省東台中學二〇一〇屆
生於語文之家，熱愛語言，熱愛文字。
由此，熱愛自然，熱愛思考，並將終身以之。現就讀於南京大學。

「無端又渡桑乾水，卻望並州是故鄉。」

九月八日，我們離開了丹桂飄香的祖國，雙腳踏上了這片櫻花碧透的土地。即使僅僅是那短暫的一個多星期，即使思念之情遠比不上古人的默默情絲，我們也已經把這攢下的友誼，點點滴滴，收入了心房。

綠色之遊──觀賞橫濱火力發電站

九月十日早上，我們一行二十餘人乘車前往橫濱。碧波蕩漾，一片藍光，不知不覺，眼前就是橫濱火力發電站了。

一進大門，一座風力發電器映入眼簾。真熟悉啊！無論在我的家鄉東台，還是內蒙古大草原，許許多多的風葉使我的心一下子激動了起來。

一位日本老爺爺很熱情地為我們講解：發電站採用的是最先進的技術，利用液體天然氣、將蒸汽和燃氣混用，不僅效率提高了百分之四十至五十，每年還可以減少 CO_2 的排放量達七十萬噸。站在高塔的頂層，極目遠望，富士山的身姿依稀可見，東京塔的身影隱約可辨。一 那，我想起了即將完工的三峽水電站，想起了家鄉沿海的大開發……祖國選出了我們出行，就是要讓我們明白要學習他人之長，為我中華之用。

整理、整頓、清掃、清潔、習慣，時常見到的 5S 原則不正是「他山之石」嗎？

友誼之行——與日本朋友心連心

在橘學苑高中，平生第一次獨自和外國學生面對面地交流，即使自己是男生，心裡也真的有幾分怯場。車到山前必有路，語言不太方便其實一點關係也沒有，我和伊藤友花談音樂，又談到書法，就像聊家常一樣，即使有時我來幾句英加中文，她弄幾句英加日文，大家彼此都心領神會，笑容滿面。

西京高中也是這樣，現在我還清晰地記得：那天下午下著不大不小的雨，和我們一起的日本女孩乙山美紗惠一手撐傘，一手吃力地撥弄著我們「預訂」的餐券。我輕輕拿過她手中的傘，衝她點了點頭，為她打傘，她微微一笑，晃了晃腦袋，竟大聲說道：「You are a gentle man!」

如今盯著手中的照片，那歌聲，那樂音還在耳邊縈繞，真是幸福啊！

傾情之旅——我民宿在日本家庭

「希望您喜愛我們這一個熱鬧的家。」我的筆記本裡，到此時此刻，還認真保存著這張介紹單、我日本家庭的聯繫方式、他們的簽名……

第一天晚上，我親眼看著十六歲的愛和十二歲的聖七，這兩個靦腆的女孩把她們的房間和漂亮的花床讓給了我們，自己卻和十三歲的良太郎擠在一個小房間打著地鋪；我的日本父親絞盡腦汁，想盡辦法讓我們開心；我親愛的日本母親忙這忙那，只為了做一次豐盛的日本料理來讓她的中國兒子品嘗；還讓我們先痛痛快快地洗了澡。第二天又帶著我們去了金閣寺、祇園，逛了漫畫店，吃了中餐。那頓中飯，說實話，到現在都後悔沒去再盛第三碗。

白駒過隙，淚水徘徊在嘴裡，鹹鹹的，又似甜甜的。東京塔的

頂端曾令我們興奮不已；外務省的訪問，也讓我們深深領悟中日友好的美好章程；坐在 JOCA 總部的大廳裡，與日本導遊、日本在華老師交流，更表現了我們大家的其樂融融；橫濱火力發電站的兩個大煙塔，至今還在腦海裡巍然聳立、東芝科學館那只藍色橡皮球的炸裂依然想來驚奇；還有那周總理詩碑、金閣寺，中日兩國文化交相輝映，相得益彰；不知道我的日本朋友，我的日本爸爸媽媽兄弟姐妹們現在還好嗎？真想他們啊！

楓葉染遍古長城，櫻花碧透富士山。帶去同樣的友好，收穫別樣的感情，謝謝，我的日本九月之行！

這是一則訪日隨記，字裡行間流淌著別樣的情，別樣的愛，別樣的思念，既讓我們分享到異國情調所帶來的浪漫與快樂，更讓我們感受到作者豐盈而別樣的收穫，感受的異域文化。

「別樣」二字可謂文章的眼睛。文章的思想與情感都融於此，作者的妙思巧想也綰會於此。別樣之情的一根紅線貫穿，綠色之游，友誼之行，傾情之旅的三個畫面剪輯與組合，使得文章形散而神聚。恰到好處的渲染，寥寥數筆的點睛，讓我們感受到作者率真的情懷和深厚的文字功力。

王兆平、胥照方

手栽

張瀟

江蘇省新海高級中學二〇一三屆
熱愛文字，嚮往流浪，相信枝筆便可走遍天涯；
熱愛生活，執著夢想，相信現實終究成就夢想。現考入復旦大學。

　　立在這兒一塊喑啞的牌子：某某年某某官兵手栽。樓蘭，古戰場，連風聲也寥落了，橫行在蕭索的樹間，默默回憶。在這個廢棄的村落，只有汲近的黃沙喧囂著生命的意義。

　　說是牌子，大概不是那麼貼切。險險地在黃土裡露了個臉，碑文隱約而姓名不見。殘下黃沙中突兀的一小灘綠，昭示了他們曾經存在的痕跡。

　　「黃沙百戰穿金甲，不破樓蘭終不還。」那是盛唐的詩句。恢弘，大氣，躊躇而滿志。那被磨卻了年代模糊了姓名抹殺了在後世詳備的旅遊指南上的官兵們，當初又是如何的心情呢？

　　是邊庭流血、武皇開邊？是孤城落日、力盡關山？還是「曉戰隨金鼓，宵眠抱玉鞍」的警惕，抑或熾烈的「提攜玉龍為君死」？這一切的一切，我們不知曉，或許史書也不知曉，只有這些歲月裡殘留的樹蕩漾著歷史的回聲。

　　沒有一個知名的將領，沒有一場激昂慘烈的戰役，甚至是沒有衣錦還鄉的記載。這群官兵在這兒默默地種了樹，默默生，默默戰，默默死。

　　這樹林原本該是遼闊的，幼幼如葉終亭亭如蓋，占遍玉門關北的春風。如今它們也極老了，歲月的流光與戰場的硝煙侵蝕了年青

與連綿。它們直立著，指向藍天，堅定而執著地守候另一個千年。它們有的腰卻折了，蜷曲如同虯龍，頹然而憂愁。在樹的這一邊，隱約可以看見那黃沙滾滾，像咆哮的黃河卷上岸邊。

當時，那些官兵該是懷著怎樣一種生命的喜悅去注視第一抹綠在黃沙盡頭的出現，這喜悅沉默千年。誰不想起如花美眷，誰不思念惡臥嬌兒，誰不牽掛高堂鬢霜，誰不回憶似水流年？他們把白髮咽下，一曲《梅花落》硬是和起羌笛聲聲伴夜半垂淚；他們讓風雪歸去，血肉身軀隨嶺樹重遮築起漢家萬里長城。雁過而留聲，人過而佚名。

「醉臥沙場君莫笑，古來征戰幾人回」的戰場，拋卻宇宙之談、生死玄說，死生以最坦率的面孔呈現在他們面前。累麼？夜半擊鼓，霜曉殘月。悔麼？苟利國家生死以，豈因禍福避趨之。他們以最悲壯的鮮紅澆濯了古來白骨，澆濯了那尚稚嫩的青澀。

無名英雄，即使這方土地浸漬了他們的血肉，即使連那些綠的生靈也醞釀了亙古的哭聲。歷史忘卻了，我們忘卻了。千帆過盡，唯有年年春綠與殘破的牌子輕吟淺唱，歸去而斷腸。

風是粗糙的，鞭勵著倖存的綠，挺拔，長高；風是嚴苛的，詰問著那些官兵的歸去。那風彷彿要吹透骨髓，擊打到你的靈魂中去。奮然而赴，欣然而善，勇然而戰，慷然而死，卻默然以聞。舍小我，舍小家，成就歷史功勳上或本就不存在的一點。我的靈魂在顫抖，在流血，在搖擺。

風又大了些，那樹的梢兒，剛綻了新綠，微微晃著，像是在肯定著什麼，迫切著，企盼著。終於，亦餘心之所善兮，雖九死其猶未悔。

我長籲了一口氣。那牌子格外的亮了起來。

以我的思緒為經，詩文穿插作緯，編織一群被歷史遺忘的軍人的生活場景與心理狀態。烽火狼煙下俠骨柔腸的感動，茫茫歷史中滄海一粟的閃光，都是行文中的重點，又都不完全是。默默生命裡，為責任、為一個大的夢想堅守戰鬥，或許沒有戰場死生那麼殘酷，但足可以成為大善來抵抗現實世界的諸多紛擾，生出片手栽的綠洲來，這才是這篇文章存在的意義。結構駕馭並非十全十美，唯有一片赤誠之心，便覺文章不負。

李濤

葬花·吟

盧鉞涵

江蘇省東台中學二〇一三屆

文章自覺有風格，不願太過有束縛，寫自己所寫，不提太多章法。

高一時偶然想寫紅樓，半月余時間偶成，算是最滿意的，便是這篇〈葬花·吟〉。

現考入新加坡國立大學。

再讀《紅樓夢》。輕輕翻開那泛黃的紙張，注目望去，竟是《葬花吟》。

讀《葬花吟》，一遍又一遍。也許，只有曹雪芹這等清雅之人，才會想出如此一吟，兒女姿態一望而出。

一

「花謝花飛花滿天，紅消香斷有誰憐？遊絲軟系飄香榭，落絮輕沾撲繡簾。」

望到滿天的飛花流逝，一片蕭瑟之景。我想，心中有所感傷的黛玉才會留下如此令人難忘的《葬花吟》吧。相信曹雪芹寫此人時，加入了明末才女葉小鸞的性格。而葉小鸞文詞綺麗，卻是極為短壽，十七歲臨嫁前三日，便因疾而亡，亦是因婚娶之事。這裡，是否便是曹雪芹所留下的伏筆？他並沒有寫至結束，而我卻自己有了答案。

二

「閨中女兒惜春暮，愁緒滿懷無釋處。手把花鋤出繡閨，忍踏落花來複去。」

「忍踏落花來複去。」我想，她所不忍的，不僅僅是落花吧。而在那下兩句之中，卻又有了些許的暗示。

「柳絲榆莢自芳菲，不管桃飄與李飛。桃李明年能再發，明年閨中知有誰？」

柳絲榆莢與桃飄李飛的對比，是那樣的鮮明；而桃李與閨中人的對比，卻又是那樣的憂怨！黛玉憂了，悲了；沒有人會來管她的，被他稱作「柳絲榆莢」的那些人兒，只會關心自己的身邊，卻從不去想別人之所想。也許，這是氣話；可是，這彷彿在之後卻是那殘酷的現實。黛玉香消玉隕，又有誰人之牽掛？

三

「三月香巢已壘成，梁間燕子太無情。」

這句裡，似乎那所隱藏的含義，已經無比明瞭。寶玉與寶釵訂下婚來，黛玉與寶玉早是暗生情愫。或是寶玉真不知，只當作兒時玩伴；或是寶玉受家長所迫，與寶釵訂親；亦或是寶玉移情於寶釵。而黛玉終究是豆蔻之年，只得獨自傷悲。葬花葬花，其之所葬，豈止是花？不禁想到第一句之所憐與落花，彼之所憐，只不過是同病相憐矣。落花亦是離情，那與賈郎之思緒。其心之所寄，卻零落四散，豈不哀哉？而她又歎道：「明年花發雖可啄，卻不道人去梁空巢也傾。」

是啊，薛、賈兩家，利益之姻，之後所留給黛玉的，不就是一座空巢麼？

四

「一年三百六十日，風刀霜劍嚴相逼；明媚鮮妍能幾時，一朝漂泊難尋覓。」

這兩句之中，也許常人都會覺得「風刀霜劍嚴相逼」更為淒涼

吧。而我讀來，「漂泊」二字卻給了我無限淒美之感。不知為何，一見「漂泊」二字，人都如入了阿鼻地獄般，要受那萬般磨難。我想，人的漂泊與情感的漂泊比起來，連那九牛一毛亦算不上吧。「明媚鮮妍能幾時」。對啊，一個人的青春能有多長，而如果那個人的青春是為另一個人所準備的話，在那一個人負心之後，自己應該會很快老去吧。如電影《畫皮》裡，為自己的情郎而獻出自己千年修為的妖精，自己卻灰飛煙滅了。因為她知道自己的情郎仍是愛著自己的正妻的。而黛玉的青春，都是為了她所愛的「寶哥哥」了吧。

五

「花開易見落難尋，階前悶殺葬花人，獨倚花鋤淚暗灑，灑上空枝見血痕。杜鵑無語正黃昏，荷鋤歸去掩重門。」

「獨倚花鋤淚暗灑，灑上空枝見血痕。」這句話在心裡，一遍一遍，不停地回想著。

此般之所灑之淚，竟是血淚。此番傷花，亦傷情。傷別離，傷移情，傷寂寥，也許人生便是如此悲慘吧，連那杜鵑，亦對此視若不見，只正黃昏。「掩重門」，「掩重門」，此番重門，豈是想掩便可掩去的麼？只是自己的樂觀之想吧。

六

「青燈照壁人初睡，冷雨敲窗被未溫。」

輕聲吟著這一句，不知是無心，還是有意，吟著了「青燈照／壁人／初睡，冷雨敲／窗被／未溫」。雖知這斷句有誤，可我卻讀作了別意：壁人，應是「璧人」吧，一對璧人，已不言而喻；而未溫的窗被，與之形成了強烈的對比。錯便錯了吧，我卻這樣認為，這樣想來，另有了一番深意。此之情事，本應無對錯，可居黛玉而觀，則其之淒苦，不思便知矣。可寶釵，此「釵」字，可否是諧了

那「拆」字之音，寶玉與黛玉本應分離？曹雪芹留下了空，也許這亦給了人所想像的空間。殘本便殘本吧，書雖殘，可那人物之豐滿，已經給了人應有的答案。

七

「怪奴底事倍傷神，半為憐春半惱春。憐春忽至惱忽去，至又無言去不聞。」初看此二句時，曾經有過些許不解：此春，是暗指探春、惜春，還是⋯⋯

一時無語。輕置書於桌前，便是凝視那昏黑的夜色。

一個個名字浮現眼前，又漸漸消失，如同流星般，在腦海裡一閃而過：寶玉、寶釵、黛玉、晴雯⋯⋯

而不禁聯想而起的，除了那一個個無比美麗的人兒，還有那一段段往事。有嬉戲，有玩鬧，更多的卻是寶釵與寶玉。

或許，「春」便是這吧。那與寶玉的往事，揮之卻又不去，傷之卻又無益，惱之卻無門。春亦是如此，來與往皆無可控制，唯有自急自艾罷了。

八

「昨宵庭外悲歌發，知是花魂與鳥魂？花魂鳥魂總難留，鳥自無言花自羞。」

「感時花濺淚，恨別鳥驚心」。不由得想到了杜甫的這句話。

可杜甫之傷與黛玉之傷，完全不同。杜甫是破國之傷，而黛玉傷是因情欲所致。

花鳥本娛人之物，而些處卻用此表現了內心的憂傷。無言的是她，羞的亦是她。花魂鳥魂，那豈是魂？我雖是個不解風月之人，可黛玉此番借景借物，我卻能略知一二。

這還是那個只識得幾字的人兒麼？如此詩意，在我看來，雖不

及杜甫心中所旨之遠大，卻遠遠細膩於杜甫的〈春望〉。

　　曹雪芹如此書寫，定有其的一番道理。也許他亦知曉，當人們在那些極度的悲傷之中時，所念之句句都會成那絕世佳句了。

九

　　「願儂此日生雙翼，隨花飛到天盡頭。天盡頭，何處有香丘？」

　　黛玉於詩中如是說。

　　可是，天盡頭又會有什麼在等待，是愛別離，還是生與死？也許，她亦與天下之失情之人一樣，有了那些輕生的念頭吧。

　　抑或就是她，已經知道了自己的命運──可能不是上天給的命運，而是那些封建禮教給她的吧。賈家還是要與薛家聯姻，即使明知道寶玉與黛玉之間的深厚感情。她又能怨恨什麼呢？現實已經無法改變。

　　尋香丘，或許是為葬花尋一個處所，亦或是為自己尋一個葬身之處吧。可惜，曹雪芹並沒有寫至黛玉之死，在她筆下會與花同葬吧，今伊葬花，明花葬伊，似乎是最好的結局了。

十

　　「未若錦囊收艷骨，一抔淨土掩風流。質本潔來還潔去，強於汙淖陷渠溝。」人說：「葉落歸根」，恐怕就如這般「質本潔來還潔去」吧。

　　那古往今來，能做到這般，又有幾人？君王之墓葬，無不奢侈之極，死亦伴那萬千錢財，已經沾染了無數世俗之污穢，又何談「潔去」？唯有如此風雅，與花同葬，沾染上花之清靜習氣，再世世俗之人，也會被蕩滌盡那心中的塵埃吧。

　　黛玉說自己「風流」，也許是吧。於寶玉身旁，盡是那兒女情

長之意。於己看來，與人看來，都與平時那般柔弱女子大相徑庭。可人都應有自己所不羈的一面。相傳，柳如是與錢謙益於樹下，亦曾有過吟詩賦詞，風花雪月，對於這，一清樓女子亦是如此，又何談伊？

只不過，她想為自己找失情，找一個華麗的藉口吧。

十一

「爾今死去儂收葬，未卜儂身何日喪？儂今葬花人笑癡，他年葬儂知是誰？」

蒼天或許已經告訴了她命運的終結吧，所以才會說：「他年葬儂知是誰」。

再偉大之的人，總經不住那些時光的侵蝕。在幾千年前，或許還有許許多多個被人們看作英雄的人，只不過被時間的長流所沖走，亦會是失敗者被勝利者刻意地從歷史之中所抹去。

自己的命運亦是如此吧，她想。自己尚且在賈府，那些人似乎都已經忘記了她；如果自己一死，後人可能指著那座孤墳問是誰了。而寶玉與寶釵，亦會淡忘自己呢。

淚，在這裡已經無了絲毫的作用。

也許，這不是天命，而是人命吧。

十二

「試看春殘花漸落，便是紅顏老死時。一朝春盡紅顏老，花落人亡兩不知！」

好一個「兩不知」，道出了一個無與倫比的心境。

如果說前面那些，皆是些傷景，傷情的話，那她於此處，可能早已超脫了吧。

黛玉，她或是傷情無限，亦會是已經看破紅塵。

我願選擇後者。她似乎已經不再看那自我中心的小處，而是以天為中心的大處。

是啊，紅顏終會老去，花兒終會謝去，唯一不變的，就是那潺潺流水般的時光吧。

世間萬物皆可阻擋，唯時間無限。

葬花一吟，也許，就只剩別離了吧。可是那些已過的，未過的，應過的，不應過的，都會過去吧。

林黛玉，應該已經不是原來的那個她吧。

讀詩解詩，讀其詞，心有感悟；放在《紅樓夢》的語言和情感環境裡，聯繫黛玉的身世處境，理解得深刻，理解得生動。

以含有文化的語言，來解讀紅樓文化，通篇蘊含著文化的意蘊。

王兆平、胥照方

佛燈一盞

陳心怡

江蘇省灌南高級中學二〇一三屆

吃零食是女孩的天性。吃零食對我來說既可釋放壓力，

又可觸發靈感。現考入華中科技大學。

「長亭外，古道邊，芳草碧連天……」第一次瞭解先生是在語文課上，老師留給我們這樣一首詩詞鑒賞，簡單的意象，質樸的語言，不簡單的情思風流，流淌在字裡行間。從此，李叔同這個名字便深深地印在腦海中……

曾經反復回味那兩段文字，白開水一樣，卻又彌散著碧螺春的芳香，才華，像那悠悠江水一樣湧動。儘管只知道這些，但欽佩之情已如金字塔下的膜拜。

後來，偶然看到《讀者》上有一篇關於先生生平的文章。原來先生出生於富貴之家，年少時是一位翩翩公子。寫到這裡，眼前又浮現出那張身著馬褂，胸佩白玉的照片，原來先生年輕時是如此的帥氣。

印象最深刻的是先生的慈悲胸懷，坐藤椅前先把椅子抖一抖，晃一晃，以免傷害那些藏在椅子裡的微小生命。如此慈悲的胸懷非常人所能做到，所以釋家才會向他微笑。

慈悲——佛燈上最耀眼的光輝，時時祛除心靈的陰暗。

如果說慈悲佔據了佛燈光輝中的一半，那麼認真就佔據了另一半。先生認真的個性是從豐子愷的回憶錄中知道的，豐子愷說先生給他印象最深的就是「認真」二字。

先生做什麼就是什麼，做公子必然是風度翩翩，做留學生必須是一身西裝，做教員一定要通身長衫，做和尚就必然是青燈古。凡心不動，任憑福姬的淚水灑滿江頭，仍是口念心經，超凡脫俗。先生無論做什麼都要做得正宗，做得經典，只為「認真」二字。

很難想像先生認真的勁兒已到了什麼程度。律宗是佛教最難修煉的，可先生不但修煉了，而且練成了一代宗師。

探尋先生走過的路，從翩翩公子到斷髮留學，從富貴子弟到音樂教員，從李叔同到弘一法師，特立獨行改不了一腔愛國熱血。先生愛國這是事實，不過愛的方式有點特別——愛國之心，那佛燈中的燈芯。

放下書，合上眼，驀然想到先生那清瘦的背影，猶如佛燈一盞，點亮在無垠的黑暗中……

佛心就是弘一法師的一盞明燈，照亮自己也照亮別人。作者以「先生」這第二人稱寫來，敬慕親切之情頓生。

翩翩公子，身著馬褂，胸佩白玉，帥氣；慈悲胸懷，時時祛除心靈的陰暗；做得正宗，做得經典是為認真；愛國之心，是那佛燈中的燈芯。作者對弘一法師生平經歷如數家珍，可見作者喜愛追慕程度之深，亦見作者的文化積澱之厚。

由此不乏啟示：有積累，有文采，有感悟，方能在考場作文中厚積薄發，急就佳篇。

劉廣標

按下暫停鍵

倪珊

江蘇省興化中學二〇一二屆

理想主義者，熱愛音樂、文字和美少年。現就讀於南京大學。

「林花謝了春紅，太匆匆。」古人有感於花開花落，發時間流逝之歎，給後人以深思。歲月如梭，時光易逝，所以必須緊握時間，加速前進，但這樣快速地生活能夠體驗生命的真諦嗎？

誠然，生命短暫，但我們必須認真地生活。快速急躁的生活方式只是匆匆看了一眼人間，若想細心品味世間之美好，必須懷一顆寧靜致遠的心，按下暫停鍵，體味生命。

席慕蓉說：「生命是一條奔流不息的河，我們都是那過河的人。」我們乘著夢想的小舟，在河流中奮力前行，左岸是加速，右岸是暫停。多數人都選擇加速前進，結果他們為生活不夠富裕而憂慮，為追求個人享受不顧生態環境惡化，為眼前利益不擇手段……價值觀念的喪失，道德體系的淪陷，這個社會都在加速，誰也不肯按下暫停鍵，這樣下去，那麼社會的冷漠何時才能消除，這個國家、這個民族的崛起何時才能實現？

而少數心境高遠，願意暫時停下的人。則真正把握住了時間，把握住了生命的真諦。林肯總統曾說：「我的希望是因為我活在這個世上，才使世界變得好了一些。」他終生都在為世界更加美好而努力。如果他沒有暫停下來，看一看那些窮苦的黑人們如何艱苦度日；如果他沒有停下來，思考應如何統一這個國家，那麼美國的奴

隸制度將不會迅速走向末日，美國的黑人們也無法享受如今的自由。正是因為按下暫停鍵，林肯總統才成為統一美國的偉人，成為美國人心中最敬仰的總統之一。

是的，生命的真諦需要我們按下暫停鍵，冷靜思考，並重新出發。

暫停並不是放棄對夢想的追求，而是為了更遙遠的夢想而冷靜思考、整裝待發。

海子發出呼喊：「要有最樸素的生活和最遙遠的夢想，即使明天天寒地凍，路遠馬亡。」不要讓物質的繁華，生活的嘈雜迷失了我們的腳步。別人的成功不可複製，我們的青春自己做主。國家的發展不可照搬發達國家模式，也不可只追求 GDP 增長速度，而要暫停下來，關注一下人民的生活，關注一下百姓的幸福指數。

幸而，我們年輕一代追求夢想而腳踏實地，國家追求發展也關注民生，我看見這個社會暫停下來冷靜思考的痕跡，我看見暫停後準備重新出發的一個民族，一條巨龍休憩後正要騰飛！

文章起筆不凡，以李煜的〈相見歡〉中的詞句開篇，緊扣標題，通過適當分析，引出觀點。接著，從反面說明人生應該懷有寧靜的心，才能體味生命，但現實生活中的人們卻只顧物質利益而忘記了心靈的高遠。行文中引用了席慕蓉、林肯、海子的話，既恰當地證明自己的觀點，又增添文章濃郁的文化氣象，而且這三個句子幾乎都在段落的開頭，行文的層次非常清晰。最後從國家和民生的角度闡述了自己的主張，給文章以光明的色彩。

唐振海

清明

張鈞瑞

江蘇省贛榆高級中學二〇一三屆
理科男，偽文青，愛語文，愛數學，更愛傳統文化。現考入復旦大學。

又是一年清明時，我隨父親回老家掃墓。

「清明時節雨紛紛」，濛濛細雨如絲如線，升騰些許雨霧，一時間氤氳了整個天地。

清晨的露珠和貴如油的春雨喂飽了兩旁的小草，綠得養眼。深一腳淺一腳在泥濘中前行，感受著別樣的綠意，心中有種莫名的苦澀。

抬起頭，墳堆就在眼前，兀地扎眼。黝黑的土丘，一棵有著盤蚪臥龍般枝幹的樹，一塊青黑色的大理石墓碑。這就是一座典型的墳，一個人去世之後埋葬的地方。

大人們表情嚴肅，掄起鐵 ，翻著新土，不時用新土加固土丘或是刈除荒草。不管是中年漢子還是白髮蒼蒼的老人，眼角噙滿了思念——下面埋的是他們至親的人啊。

置身於墳堆之中，心頭壓抑得難受，彷彿心口也有一座墳。

我曾經在孝陵感受那霜葉紅於二月花的蕭瑟之美，在八寶山傾聽烈士的 喊。也曾在腦中想像泰姬陵的典雅和深藏於驪山中的秦始皇陵的壯觀。可這些舉世聞名的陵墓，都沒有眼前這片光禿的土丘給我的觸動深。

這兒埋的是我的先祖。他們或許只是普普通通的農民，將自己

的一生奉獻給土地。

他們沒能做出驚天動地的偉業，與秦皇漢武相比，他們太過卑微。但他們將根植於土地之中。從土地中來，到土地中去，回歸大地母親的懷抱，或許這是他們最幸福的歸宿。

墳，關於土地的文化，總是那麼的深沉與厚重。「可憐無定河邊骨，猶是春閨夢裡人。」戈壁古戰場，沙墳如潮，寒峰如浪。如雨的馬蹄，如雷的喊，如注的熱血彷彿就在眼前。中原慈母的白髮，湖湘稚兒的夜哭，江南春閨的遙望，故鄉柳蔭的訣別，獵獵於風中的軍旗，都隨著一陣煙塵，又一陣煙塵，飄散遠去。這些長眠於異鄉的戰士，為了守護那麼遙遠的土地而甘願獻出了自己的生命。

於是我想起了艾略特的《荒原》。眼前的親友忽的消失，只留下我與這靜寂的墳堆。這也無疑是中華文化的荒原。曾經關於墳的典籍在歷史的朔風中消逝。不知何時起，墳與風水、迷信捆綁在一起，成為封閉落後的象徵。又不知何時起，人們談墳色變，敬而遠之。當節約土地的號召響起，當公墓優雅地在城市中出現，留給墳的空間越來越少，它像一位風燭殘年的老人靜靜等候自己的大限。

誰敢說墳之殤不是文化之殤？淘寶網上代掃墓地的「寶貝」賣得火熱，豪華墓地頻頻闖入視線，人們燒的不再是紙錢而是香車美女……我們越來越只重形不重質，任由墳在文化的原野——坍圮，消逝。

再看一眼面前的墳堆，他們歪歪斜斜，高低起伏，於土地而言，他們就像清俊臉龐上的「滿天星」。雖然不再完美，卻讓人內心得以接近。

心中的荒涼愈加嚴重了，我轉過身去，想逃離這片土地，不忍心看到它們在我面前消失。

可我還是忍不住回頭，想再多看它一眼。恍惚間太陽發出妖異

的紫紅色光芒，染紅了天際。我知道，那是一個古老的民族的傷口正在滴血。

別了，墳。別了，清明。

本文算是文化散文。從隨父母回家上墳寫起，由所見之景聯想到清明節這一傳統節日的現狀。突出了對當代文明與傳統文化之間關係的思考，成功提升了文章的思想高度，這是文章最大的亮點。但是作為一篇散文，景物略顯壓抑，需改進。

徐謙

不一樣的眼光

梁濤

江蘇省東海高級中學二〇一一屆
安靜穩重，喜歡在書海之間徜徉；雋永細膩，靈動的思維中閃爍著熠熠光芒。
在學習的道路上孜孜以求，拒絕懈怠；在社團活動中盡職盡責，無懼困難。
現就讀於南京大學。

當一輪皓月在深邃的夜空升起時，不知會有多少人駐足仰望？當清冷的月盤灑下溫柔的銀輝時，不知又要承載起多少不同的眼光？

同一輪明月，在不同的年代裡，會有不一樣的眼光對她憑欄遠望。

唐人的目光大都是炯炯有神的，透露出大唐盛極一世的萬丈豪情。提筆揮毫，飄逸瀟灑的詩仙太白，秀口一吐便是「舉杯邀明月」的豪放，是「欲上青天攬明月」的灑脫。自然，唐人的目光有時也飄忽不定，「明月松間照，清泉石上流」，「深林人不知，明月來相照」，他們用不一樣的目光，看到了無盡的恬淡與寧靜。

宋人的目光或許少了些許自信的深邃，而多了一份理性的深沉與感性的細膩。「明月幾時有，把酒問青天」，蘇軾固然豪放，可也受到了仕途不順的桎梏，目光中多了一份滄桑；「今宵酒醒何處，楊柳岸，曉風殘月」，柳三變何等細緻入微，月光在他的眼中就多了一份惆悵。

同一輪明月，不同地域的人，也會有不一樣的眼光對她充滿懷想。

余光中無法跨越那彎彎淺淺的海峽，於是他將鄉愁寄寓於懸在

天穹的明月中，眼中滿是剪不斷的思念之情；大陸同胞同樣仰望那銀盤似的皓月，也將心思寄寓在那穿越遙遠時光的明月中，只是他們的眼光中充盈的是渴望統一的熱情，是期待美滿的焦灼。

那一輪明月，承載了太多不一樣的眼光，不知她是如何默默地承受了這幾千年的祈願。

人們在歡娛的時候會仰望她，用歡樂的樂章譜寫那寂靜的柔情，那時，他們的眼光中充盈的是滿溢的微笑；人們在傷情時會仰望她，將愁心寄託給她的溫柔纏綿，那時，他們的眼光閃動的是低沉的哀歎。

用不同的眼光，你會發現相同的事物是如此的善變。「客亦知夫水與月乎，逝者如斯，而未嘗往也，盈虛者如彼，而卒莫消長也。」「自其變者而觀之，則天地曾不能以一瞬，自其不變者而觀之，則物與我皆無盡也。」蘇軾早已將不同的眼光會發現同一事物的不同現象詮釋得淋漓盡致，因而他能夠「一蓑煙雨任平生」。

北方白雪飄飄，南方細雨濛濛，讓我們用不一樣的眼光去丈量這美麗奇絕的世界吧，你會發現沉悶的生活其實到處洋溢著生機，灰暗的人生其實到處鋪灑著美麗。

讓我們用不一樣的眼光，去感受夜的深邃，月的寧謐。

文章把「不一樣的眼光」限定在「觀月」這一特定的情境中，讓我們都陶醉在溶溶的月色中，讓文章彌漫著一種揮之不去的意境美。

文章在論述不同年代的人、不同地域的人用不同的眼光觀望明月時，恰當引用了不同詩人的詩句，讓文章流淌著沁人心脾的詩情美。

文章小角度切入，大氣度為文，從唐宋的對比到海峽兩岸的企

望，最後得出「用不一樣的眼光去丈量美麗世界」的結論，既有時間的穿越，也有空間的跨越，使文章開闊有度，具有一定的氣度美。

張華

雨過天會晴

劉晗

江蘇省灌南高級中學二〇一二屆
酷愛歷史文化，貫通中西文明，文靜但不失大氣。
現就讀於中山大學。

　　當七夕被遺忘，當文昌孔廟被毀，當聖鬥士取代了孫悟空，當星巴克開進了故宮……我們本土文化的天空中，早已不再晴空萬里。速食文化入侵，韓流來襲，那一方天空中已烏雲密佈，大雨如注。

　　有人說，在物欲橫流的當下，本土文化的衰敗，是難以挽回的潮流。可是，所有的陰霾都將會被驅逐，馬克‧吐溫說：「所有的雨都會停的。」我們堅信雨過天會晴，在本土文化的土地上，終有一日會陽光普照。

　　雨過天會晴，不僅僅是因為中國文化的強大生命力，還因為它的同化力。

　　無論是春秋以前的「南蠻與北夷交侵」，還是十六國時的「五胡亂華」，都沒有撼動華夏文化分毫，反而使之日漸漢化。自夏朝滅亡，夏桀之子帶著本族成員遷徙到漠北草原，並且自立為王，卻仍舊逃脫不了中原本土文化的影響，只創立了龍圖騰崇拜的習俗。而後，匈奴族、鮮卑族、契丹、女真無一不在歷史潮流中被漢化。

　　「兼、收、並、容、生」，正是這五點，使得四大文明古國中，只有華夏文明未被中斷。印度文化因雅利安人入侵而雅利安化；羅馬文化因日爾曼入侵而沉睡千年；埃及文化因愷撒的佔領而伊斯蘭

化。而中國，也只有中國，在經歷鴉片戰爭、八年抗戰後，五千年文化依舊熠熠閃光。魏晉及隋唐間，佛教文化的入侵卻成就了中國式佛學——禪宗，融入了宋明理學之中。

這樣的文化生命力，更讓我們堅信：雨過天會晴！

然而，面對現今本土文化的衰敗，只要堅信就能挽回嗎？不！海南民謠的流失，黎族織錦的失傳，瓊劇、京劇的式微，已經是雷聲轟鳴。難道要等這些瑰寶像宋的鈞窯、元的青花那樣，快成為美麗的傳說時，才能喚回我們的重視嗎？

不錯，我們有《詩經》，有《茶經》，有《史記》……但我們僅抱著這些便能抵抗瓢潑大雨了嗎？

首先，我們要繼承和發展我們的傳統文化，因為傳統文化就像我們的母親河——長江與黃河，我們離不開她們的滋養，我們的血管裡流淌著她們的血液。其次，我們要用包容的心態去看待這一場梅子雨。孔子說：「諸侯用夷禮則夷之，進於中國則中國之。」秦始皇焚書坑儒，蒙古帝國屠殺花剌子模，古羅馬滅掉拜占庭，最終是走向滅亡。因此，我們要相容並包，要拿來。再次，我們「要運用腦髓，放出眼光，或使用，或存放，或毀滅」。最後，我們還要融合、化用，使其成為自身的營養，成就自己強健的體魄。

羅曼‧羅蘭說：「真正的光明絕不是沒有黑暗的時間，只是永不被黑暗所淹沒罷了。」我們堅信：有一天大雨滂沱，忽而雲開，太陽轟轟烈烈，滿天滿地都是它的威光！

誠如其自我評價一樣，作者「酷愛歷史文化，貫通中西文明」，文章寫得視界寬廣，開闊大氣。首先，作者能夠選好自己擅長的角度，旁徵博引，或舉例或引用，文化氣息似滾滾江河，令人大開眼界；其次，審題扣題能力很強，能夠找准寓

意，開頭快捷切題，結尾引用名言，再次扣題；再次，提出問題、分析問題、解決問題，思路清晰，逐層深入，落到實處；尤其值得學習的是，作者學以致用的意識非常強，能把課本上的知識靈活用到作文裡面。

蔣遠兵

假如我是它

董冬梅

江蘇省贛榆高級中學二〇〇九屆
在廣泛的閱讀之後總喜歡多問幾個為什麼，從而使閱讀中生髮許多新的思想。
現就讀於北京航空航太大學。

它，是籠罩著輕紗的夢，浸潤了多少憧憬；它，是流淌著相思的曲，揮灑著無盡哀愁。月光之下，道不盡的離愁別緒，演不完的悲歡離合……就讓我化身為那柔和的月光吧，沉思著社會的興亡更替，演繹著歷史的盛衰無常，見證著古往今來的人間是非，感動著靜謐之夜的無限相思。

三湘衰鬢逢秋色，萬里歸心對月明

「家中見月望我歸，正是道上思家時。」遊子孤身在外，可憐的是親人，可歎的是一切都歸於寂靜的夜晚。那空靈的月光，是一場清涼的盛宴，更像是雪，是那最大的一場雪，鋪天蓋地地、悄無聲息地落在遊子的心中，也落在親人的心中。

就讓我化身為那柔和的月光吧！伴隨在你們的左右，溫暖著你們悲涼的心境，聆聽著你們無盡的哀愁。魚龍潛躍，只能泛起圈圈波紋，不傳尺素；鴻雁長飛，也只能帶來幾聲哀鳴。但是，只要有我的存在，我就把這份愁緒分擔，把這份思念傳遞。天涯海角，捎去你的問候，帶去你的關懷，讓遠隔萬里的人感受到彼此，心心相連，情情相系。

我願伴杜甫共度清宵，並溫暖那不堪寒意的玉臂，「雙照淚痕幹」；我願伴蘇軾共立清秋，「轉朱閣，低綺戶，照無眠」，以求得

人長久，共嬋娟；我願伴李清照上西樓，望雲中，消閒愁。

其實，「青山一道同雲雨，明月何曾是兩鄉。」就讓我化身為那多情的月光吧！

回樂烽前沙似雪，受降城外月如霜

假如我是那柔和的月光，我不能僅僅流連於亭臺樓閣，江南水榭，我要把更多情的一面送到塞北邊關。

就讓我化身為那多情的月光吧！我傳遞出來的不能只是慘淒寂寥、幽怨悲亢，對於戍守邊疆的征夫、苦待閨中的思婦而言，我是他們的一種寄託和幻念。通過我的浸潤和滋養，讓詩人與和邊塞這一獨特性的風景線不期而遇，並利用這種情結自由地創造出我與邊塞的相行相隨相撫相慰的空間美，縱然「雁盡書難寄，愁多夢不成」，但是由於我的存在，那份相思之情也可以「流照伏波營」。

月出峨嵋照滄海，與人萬里長相隨

人生在世，知音幾何？沒有無本和尚的推敲不定，那份對友情的呵護與尊重又如何來表現？「推」好，「敲」亦好，夜色朦朧，月色依稀，樹上棲鳥已歸於沉寂，而友人虛掩的門在月光下卻為我們帶來一絲溫暖。尊重與理解，與友誼長相伴，永不離。

就讓我化身為那柔和的月光吧！就讓我把這段佳事銘記。

但最難以讓我忘懷的還是那位詩仙李白，他是孤獨寂寞的，「遷客此時徒極目，長洲孤月向誰明」；他是惆悵感傷的，「三杯拂劍舞秋月，忽然高詠涕泗漣」。知音難覓，此愁誰人可識，誰人可解？

就讓我化身為那多情的月光吧！因為只有我能理解他，所以縱然無月的夜晚，我也願賒他一縷月光，帶給他一絲慰藉。

人生代代無窮已，江月年年只相似

「江畔何人初見月，江月何時初照人？」這千古一問，是尋不到答案的。雖然「今人不見古時月」，但是「今月曾經照古人」！月亮之下，江流東去，永不停息，宇宙浩渺，不見盡頭，而人生短

暫，俯仰一世，來不及等待，來不及回味，便已匆匆而過，怎不令人欷歔？

但那一輪明月卻是永恆的！讓我們每個人都是月光吧！追求靜謐，追求純真，把握人生最基本而又最重要的親情、友情、愛情，不失真我，不失本色！

這篇文章的容量是極其豐富的，大略數來，直接間接引用有關月亮的古詩文多達二十餘處。本文作者在豐富的閱讀積澱的基礎上，追尋月亮的足跡，感受亙古以來的情思，體驗那跨越千載的離愁別緒、悲歡離合。

徐維剛

格調

于靜秋

江蘇省海安高級中學二○一三屆

安靜閱讀，思考，純粹表達，注重細節。現考入華東師範大學。

寫作就是我，我就是書。

——杜拉斯

二十世紀集中了太多的悲憫與無奈，無數踽踽獨行者為了內心的嚮往，因了世俗的污濁，用鮮血寫下最後的詩篇。從葉賽寧的「活著，不比死更美」，到海子的「面朝大海，春暖花開」，那一份對創作純粹的渴望，格調天成。

想起杜拉斯，那個「將憂傷畫在眼角」的女子，她是極端唯美的實驗型作家，對歷史具有俯瞰式洞察力，喜歡將回憶表現得富有張力，深邃而悲絕。她是心靈的朝聖者，對靈魂無比忠誠，寫作於她，有著最原始的意義。「何必要知道呢，有他們的書就夠了……」她對寫作的純粹有著如幼童般執著的追求，她的《情人》與瑪律克斯的《百年孤獨》至今仍是讓心靈棲息的不朽經典。其中「當一個人開始回憶時，他就開始變得蒼老。」「同你那時相比，我更愛你那備受摧殘的容顏。」更是她瞬間成就的永恆。然而鋪天蓋地的讚譽令她不安，當她心靈的淨土不再平靜，她對寫作的熱情便走向另一個極端。「寫作是一場暗無天日的自殺」；「寫作時身處絕望，步入死亡之中」；「杜拉斯，我煩透你了」……她無法接受功利的寫作，至死都堅守著她的格調，忠於自己，忠於文字，忠於靈魂。這是，

一個以寫作為生命的女子的格調。

　　而席慕蓉則是忠於自己的另一個典型。與杜拉斯不同，她的格調是在後來慢慢摸索得出並為其傾出所有。在那個相信詩歌的年代，她用纏綿的詩行溫暖了無數少年的夢境。「古井旁找不到一朵可以相送的花」，「青春是一本太倉促的書」……她擦亮了多少人朦朧的憧憬。但那畢竟，只是過去。如同一場燃燒，在席慕蓉四十六歲的年華——「人說／唐朝時一匹北方的馬／要回十四絹／而如今／我空有四十年的時光／要向誰去換一片北方的草原」；「請為我唱一曲出塞曲／用那遺忘了的／古老語言／請用美麗的顫音輕輕呼喚／我心中的大好河山……」她沉溺於草原上的一切無法自拔，將詩集取名《飄蓬》，以求其本根。深知無數人朝聖般想見到寫《七裡香》的自己，但她不回頭，彷彿是用積蓄一生的力量，來完成今日的跋涉。詩歌已經無法承載她的激情，她寫下散文甚至是長詩，去紀念她的飛揚紅裙，她的折翼之鷹，她的英雄噶爾丹……

　　詩人蔣勳問她：「你絕不覺得自己走了很長的路，現在才剛剛開始？」

　　她笑，不語。馮秋子曾寫過，草原上的一切過往，在老人眼裡，是一場風。我想，于席慕蓉也是這樣吧。那一卷瘦長的風，將載著她的格調，雖是改變，雖然遲來，卻找到真正歸宿真正源頭的格調，忠於自己，永不停息。

　　兩個女子，如此堅定，淡定，是寫作的格調，亦是生命的格調。這樣的格調，是寫作者必須堅守的信仰。我看過一些當今很有名的青年作家十幾歲寫的文章，言辭清澈，對文字抱有原始而純粹的虔誠與敬重，最終卻不免落得商業化。想到俄國的陀思妥耶夫斯基，他的《罪與罰》並不注重對情節的掌控，只是隨心地在與情節無關的地方進行冗長的描寫——他是當時為數不多的為了接近自己的內心而不惜遠離讀者的人，即使是在現在，也是這樣。

卡夫卡說：「那些次要的事情以可怕的方式枯萎著，只有這一描述我夢幻般的內心世界才會令我滿意。」文學的世界裡從來都是千絲萬縷，但我仍相信，這種忠於內心的格調，會使人有勇氣在此披荊斬棘。

「格調」很大，只寫作家寫作的個性風格；作家很多，只寫一中一西的兩位代表女性作家；兩位女性作家可評論的也很多，只論述二者用生命堅守純粹寫作的「格調」。化大為小，化抽象為具體。

本文最大的特色在於對「格調「的理解詮釋具有深度，既是作為作家詩人的為文風格，更是他們為人的個性情感思想的展現。筆下人物執著朝前走，具有忠於內心的毅力，由萬人大道轉向唯有一人的小徑，又具有承受孤獨和非議的勇力。作者能夠以文字和他們的經歷為依託，探尋詩人的內心世界，選取典型作為分析論述的佐證。文以見人，方顯合理；人文合一，方能純粹。

作者旁徵博引，穿越時空，宏觀微觀，詩句引言軼事信手拈來，有詩人作家亦有評論者，角度多變。語言兼有詩意和內在的力量，時而靈動飄逸，時而深沉厚重，錯落有致，具有美感。彰顯文藝文化氣息。

王金林

懷想天空

唐大舟

江蘇省東台中學二〇〇七屆

總覺得創作是個既歡快又痛苦的事情。

因為創作就是對自身靈魂的一次洗禮。這次洗禮，是一次心靈和思想的淨化，

於是歡快，又是一次對腐朽與浮躁的屠殺，於是痛苦。現就讀於東南大學。

　　我考試的地點在五樓，透過半開的窗可以看到天空，那蔚藍又寂寞著的天空。

　　猶記得兒時的天空。一群小朋友在蘆葦蕩裡捉迷藏，我躲了許久也沒有人發現我。於是，我便躺倒在葦蕩的懷抱中，仰望無盡的天空。突然，空曠的天空中傳來寂寥而又歡樂的「啊──啊──」聲。接著，碩大的雁陣便出現在藍色的畫板上。幾十隻大雁「人」字形向南方飛去，廣闊的蒼穹上突然上演一齣絕世的舞蹈。然後，一個「雁」字，接著一個「雁」字。我待在那裡，無法動彈，直到夜幕徐降，蘆葦蕩的盡頭響起了母親的呼喚聲。

　　年少的我，並不知這裡邊有一種民族文化哀愁。後來，我在古代名篇中，讀到了雁陣驚寒，頓時感到了一種徹骨的詩意。於是，我一次又一次仰望天空，努力尋找大雁的影子。然而，我失落了，它們越來越少，雁陣驚寒般的名篇也很少問世。

　　是誰偷走了「雁」字的影子？

　　又是誰，荒蕪了文化的天空，扼殺了我的詩意的哀愁？

　　每每表現出如此憂傷時，我都會被人嗤之以鼻。他們以為我矯情作態。這些朋友，往往熱衷於網路上炒作的美女，以及傳貼的搞笑的動畫！他們永遠不會明白，自然的天空和文化的天空一旦寂

寞，人們的心也會寂寞的。的確，對於如今的速食式文化，我是落伍的。我不看武俠奇幻，不聽周傑倫或是搖滾，不愛上海灘的燈紅酒綠、紙醉金迷，只愛麗江的石板路和周莊的烏篷船，只愛中國人心中的文化雁陣。

你可以對我嗤之以鼻不屑一顧，可是，你知道，當我聽到伊能靜的《念奴嬌》時，心中是怎樣一種徹頭徹尾的悲傷？旋律低劣且置一邊，那一句「羽扇綸巾」彷彿一把尖刀刺向我的耳膜！我趕緊躲開，塞上耳機，繼續聽我的「二泉映月」，我的「春江花月夜」。

我並沒有拒絕現代文明。我家中也是家用電器應有盡有。我也看炒作至熱的電影。但是，在現代商業文明的裂縫中，難道不能萌發一些永恆民族文化的新芽？

那些缺失的情感，丟失的文化，我是多麼想把它們的種子找回來，種到人們心中去啊！

我親愛的寂寞的天空，我該如何幫你找回雁陣的影子？

前些日子，和七歲的小弟弟一同回鄉。走在兒時嬉戲過的河邊，心中又是一陣悵惘。天空中突然傳來寂寂寥寥的「啊—啊—」聲。我大喜，抬頭卻只見兩隻大雁孤零零地飛過。

弟弟搖著我的手問：「哥，那是什麼鳥呀？」我吸了吸鼻子，說：「哥不知道。」我不想告訴他那是大雁呀，因為真正的大雁不是這個樣子的。它們本應該三五十個一群，一會兒排成「一」字，一會兒排成「人」字，唱著大風之歌，歡快地向南方飛去。

我只得愣在那裡，發了好一陣呆，懷想著那曾經喧鬧過的天空。

此文構思精妙，文筆清新灑脫，充滿詩意畫意。作者將「自然的天空」和「文化的天空」綰結在一起，借「長天」、「雁陣」

抒寫自己的真切感受，相當熨帖，相當機智。高考作文應當言之有物，應當傾聽「風聲雨聲讀書聲」，切切不可無病呻吟。

薛明德

主動

張笑蘭

江蘇省贛榆高級中學二〇一〇屆
性格陽光開朗，興趣廣泛，熱愛閱讀文學作品，樂衷寫作，
喜愛用細膩筆觸傳遞情感思想，曾多次在校內外網站，雜誌及報刊發表文章。
相信文字是定格生活的最好方式，就讀於南京醫科大學。

抽刀斷水，是最無奈的神話；舉杯消愁，是最動情的悲歌；朗月照花，深潭微瀾，主動的選擇澄澈了明淨的心湖，鑄就了歷史的巔峰與傳奇。

——題記

主動，勾勒了一片自由的晴空。

莊子端坐在人生的路口上悠然垂釣，以神龜自比，主動拒絕了楚威王的邀請，與宰相的高位擦肩而過。他凝望遠眺，將九萬里的情懷蕩漾於三千濮水之上，赤子之心回歸自然。絕不戀慕爾虞我詐，繁華盡享的官場，曳尾塗中逍遙一世之外，躊躇滿志，遊刃有餘的遨遊在自由純美的心湖之中，哲學的巔峰終於驚世，有誰看不出他「滿紙荒唐言」背後的「一把辛酸淚」，有誰不為這看似孤傲卻又明智的選擇讚歎仰慕？

主動，詮釋了一段永恆的情誼一撥琴，一揮手，一段旋律；一高山，一流水，一段傳奇。俞伯牙、鐘子期以七根琴弦奏出心靈的共鳴，以音樂傳遞友情，高山流水，終覓知音，主動攜手，在艱險困厄時執著於令人癡醉的音符，即使遠隔千里，即使天上人間，他們的生命畫卷定將巍峨著山，明淨著水，飛舞著真情的神韻。倘不是主動的追求與嚮往，鑄造夢想的音樂城堡，史冊上怎能留得如此

唯美的一幕？

主動，銘記了一隻激昂的戰筆

「橫眉冷對千夫指，俯首甘為孺子牛」，魯迅以一隻犀利的筆，擎一方華夏天空。

投身醫學，遠渡扶桑，他以一顆赤誠的心，想拯救人們被庸醫所害的現狀，促進國人對維新的景仰。銳利的目光，深刻洞察到啟發農民覺悟，拯救國民愚昧麻木的靈魂才是當務之急，他立即主動選擇用筆來敲醒人們沉睡的心。「寄意寒星荃不察，我以我血薦軒轅」激蕩著胸懷。筆下的阿Q愚昧自賤，七斤落後無知，狂人義勇正義，他淋漓盡致地詮釋大眾的悲哀和革命先驅的信念，終於無數人覺醒，在跳動的靈魂中抗爭救國，曙光重現……魯迅的名字鐫刻在歷史的首卷上，光輝燦爛。

主動需要勇氣，需要突破，需要信念和追求，不是南宋的屈辱求和，不是奸臣的阿諛奉承，而是正義與理想的抉擇。

流星主動選擇劃亮夜空，縱然只有一時驚世之美；河流主動選擇蜿蜒前進，縱然時時曲折艱辛；人需要主動選擇，追求更高的人生目標。

思載千古，文采飛揚，本文思路清晰，筆墨酣暢。作者用「主動」記錄了人世間「正義與理想的抉擇」──真正的輝煌燦爛是要付出代價的。文章的文化色彩濃厚，題記中用自己的理解詮釋「抽刀斷水」、「舉杯消愁」，入題「歷史的巔峰與傳奇」。莊子的垂釣，是他對心靈自由的主動選擇；俞伯牙、鐘子期的高山流水是對友情的主動選擇；魯迅犀利的戰筆則是「我以我血薦軒轅」的主動選擇。作者從文化的角度解讀著歷史。多讀

書，會讀書，會思考，再加上優美的文筆，定會寫出優美的文章。

臧文淑

清淨心智

李陽

江蘇東海高級中學二〇一三屆

沉穩內斂，有不畏困難、不懼失敗、勇於拼搏的堅強性格。

自認為學習不是一種負擔，而是一種快樂。現考入東南大學。

龐蘊居士曰：「一念心清淨，處處蓮花開。一花一淨土，一土一如來。」清淨心智，在浮華中不喧不囂，在名利前不急不躁，獨留內心的飽滿與省悟，方為人之上品。

天柱崇慧禪師在與人飲茶之時，脫口而出：「萬古長空，一朝風月。」萬古長空，一朝風月，多美好的意境！唯有心界空靈，才能領悟天地陰陽變與不變的奧妙。菩薩也曾告誡弟子曰：「清淨心智，如世萬金；般若法藏，並在身心。得失從緣，心無增減；喜風不動，冥順於道。」是啊，唯有清淨心智，方能保持一份修持，內心的境界才會似美酒一般濃香、醇厚。

率性自然的倉央嘉措便是如此，高唱著「將萬里浮雲一眼看開」的他，始終保留著心智的清淨。「住在布達拉宮，我是雪域之王；走在拉薩城中，我是世間最美的情郎」，他用「不負如來不負卿」般的詩意向我們詮釋了他內心的清淨，縱人生坎坷，他獨留「世間雙全法」，將生命切入了千古一瞬，超越了苦集滅道的區別。

反觀現世，太多的人為名上下奔竄，又為利左右竄奔，完全拋棄了內心的清淨。

偶有的「羊羔體」，間或的「偽詩意」，都讓人為之汗顏；遠有文化故里之爭，近有食品安全問題，內有程式化的新聞報導，外有

某地要正面宣傳的獨斷……如此種種，怎能不令人痛心疾首？

　　也許，還是禪師說的對：「心逐物為邪，物從心為正。」追逐名利物欲的心常會被邪惡佔領，而唯有清淨心智才滿是正直。寒山也在小詩中言曰：「吾心似秋月，碧潭清皎潔；無物堪比倫，更與何人說！」我想，他的心應當是淨的吧，否則，又怎會吟出這般清淨的詩句呢？

　　晉妙音法師在告誡世人時說：「長風拂秋月，止水共高潔。八到淨如如，何容業縈結。」這與佛祖的「心清水現月，意定天無雲」雖形式不同，而內蘊是一致的。他們無不在告訴我們，清淨心智，方能悟人生之道。

　　日本吉田兼好在書中有這樣一句：「人心是不待風吹而自落的花。」是啊，人心都應似花一般聖潔美好，開在塵世種種規則之外，如此，方能走出小我，成就大我。

　　清淨心智，看似困難，實則簡單，放下那顆追名逐利的浮躁之心，在浮華中沉靜下來，定可用心中之明珠，照破山河萬朵。

　　受所讀書籍的影響，作者對生活的感悟角度是獨特的。他善於用佛家的觀點，表現自己的智慧與才華、性情與品質，這篇文章也是這樣，文章多處運用佛家傳世箴言，雖然有稚嫩之處，但也能夠和當代生活緊密結合，表達出對人生的思考。

桂榮

尋找一盞燈

徐瑋

江蘇省海州高級中學二〇一〇屆
成功者不是做每件事都會成功，而是在某次失敗後選擇了堅強；
同樣的失敗者不是做每件事都會失敗，而是在某次失敗後選擇了放棄。
現就讀於中國礦業大學。

多少次，多少次夢見自己化為一隻烏篷小船，蕩進那充滿詩意的水墨江南……

第一次聽說魯迅，是在初二的語文課堂上。初讀他文章便被深深吸引，總是努力想像那碧綠的菜畦，光滑的石井欄，長成人形的何首烏，那赤練美女蛇……心中暗下決心，一定要去尋找這美麗的風景。

從此我便與魯迅結下不解之緣。多少次我與他一起去看社戲，一起去和閏土捕鳥，一起去看望祥林嫂，一起去搶孔乙己的茴香豆……隨著我對魯迅的日漸瞭解，終於發現他不僅有一顆善良美麗的童心，更有一顆不畏強暴、堅毅的心。他告訴我，「真的猛士敢於直面慘澹的人生，敢於正視淋漓的鮮血」，於是，每當我遇到挫折，我便會想起他的諄諄教誨，他的精神宛如一盞照亮我人生之路的明燈。

今年春天，終於夢想成真，帶著欣賞與激動來到百草堂，來到三味書屋，來尋找心中的那盞明燈。在百草堂的矮牆下，雖然沒有尋到那一按脊背便從後竅噴出煙霧的斑蝥，雖然沒有找到成人形的何首烏，可我深切感受到魯迅的氣息，彷彿昨天他還在這兒玩耍呢。走在紹興的老街上，不知不覺來到了鹹亨酒店，要了一碟茴香

豆，溫了一壺紹興米酒，在江南這草長鶯飛雜花生樹的三月，我的心開始陶醉。這裡到處是魯迅的身影，微熏中想起魯迅的一篇篇文章，想起他的憤世嫉俗，想起他在心愛的學生被殺後那痛徹心扉的呼喊……

我沒有找到魯迅，可我分明已經找到了魯迅的精神。那是一種「橫眉冷對千夫指」、「血沃中原肥勁草」的精神。面對黑暗的統治，面對殘酷的暗殺，他沒有屈服，奮起反抗，用鮮血去喚醒麻木的國人。既然魯迅面對如此困難都沒有低頭，那麼我們在面對挫折時又有何理由退縮呢？面對一座山，還沒有爬就敗了，而且敗得很慘，這不是一個勇敢的人應該做的事，真正的強者應用鮮血詮釋堅毅，在明燈的指引下大步向前。

迷離中，我彷彿看見鹹亨酒店的櫃檯後有一溫酒的少年正對著我笑。

月下江南，煙水朦朧，於波光水影之上，可謂詩情畫意。在文中，江南已並不是一個純粹的地域名詞。因為它的文化底蘊和歷史背景，使她更具有了水汽氤氳、文采風流、富庶繁華的意蘊，其中包含著深刻的意蘊與獨到的思考。

闞麗娜

懂你

許珊

江蘇省贛榆高級中學二〇一二屆

作為理科奧賽班的女生，卻帶著多愁善感的情愫。

現就讀於東南大學。

人們常形容小資生活是一種「看王家衛電影、張愛玲小說，讀納蘭詞」的休閒生活，只是人們在反復品味納蘭詞的時候，是否漸漸讀懂了納蘭內心的淒婉和寂寞？

我常想：究竟是怎樣的一種心境，才能寫出這般讀來讓人內心一慟的詞句？納蘭，你究竟是個怎樣的人？

與你初識，是在一個淒冷的秋日黃昏，我默念著「人生若只如初見，何事秋風悲畫扇。等閒變卻故人心，卻道故人心易變。」不覺癡醉了；短短幾行，便將世人有關初見的感慨一一展現，從此腦海裡便總會浮現出一位憂鬱的少年對著窗戶，在孤燈下書寫人生滄桑的情景。我默念著你的名字「納蘭性德，字容若」，思索你出生的朝代，卻被一行小字打亂了平靜的思緒：「納蘭明珠之子」。明珠？不是清康熙年間的「明相」嗎？他的兒子竟會是這般極易傷感的人嗎？我不禁茫然，第一次試圖讀懂你，因你的身世高貴，卻讓我更加疑惑。

與你再見，是在萬里西風、大雪紛揚的邊塞。望著那漫天的素白，你沉默不語，表妹和妻子的相繼離去無疑是最沉痛的打擊，你似乎也想隨著素白飄飛而去。在眾人眼中，你是相國公子，御前侍衛，前途無量，令人歆羨；可在你看來，這一切不過是無形的枷

鎖，是身世的包袱，是人生的無奈；你將身世之慨調上墨，「別有根芽，不是人間富貴花」遂成一曲千古妙音。第二次品讀，我終於明白了你的婉約傷感背後的人生真味：不慕名利，嚮往人間自由和真情。我的心不禁暗暗為你揪了起來，你的人生觀和你的門第家庭竟然如此格格不入，只怕你的詩詞之路也會因此變得愈發坎坷泥濘，你渴望得到的文人雅士生活倘若成了遙不可及的幻夢，你是否可以堅持走下去？

「一生一代一雙人，爭教兩處銷魂？相思相望不相親，天為誰春！」孤寂的你幾經波折終於找到了紅顏知己，只是這段感情太艱難，太悲傷！你就這樣娶了沈宛，由於家世，沈宛也只能是妾，你只好把她安置在相府旁的小院裡，你們的每次相會，都帶著無法言說的辛酸，終於沈宛決定要回江南。臨行前，你送為她寫的詞，我想那時的你心中定是不捨吧！可看著她一日日憔悴愁眉不展，你又下決心放手了，畢竟，這種生活讓兩人都身心俱疲……

在品讀了你的許多詞之後，我漸漸瞭解你獨特的風格，人們都說你有南唐後主李煜之風，可我總在你身上發現許多和李煜不同的地方：同是催人淚下，李煜是國仇家恨淪為階下囚的泣血悲苦，而你卻是嚮往閒適生活而不得的滿懷憂鬱，你的詞就像雨後清晨的花朵又混著青草的香味，內中含有梨花帶雨的惆悵，點點滴滴，是不盡的眼淚啊！

你輕歎一句「我是人間惆悵客」，而我也終於懂了，原來這惆悵裡有身世的無奈，有人情的淒涼，更有文人內心的淒婉和寂寞……

文章寫得較為輕盈飄逸，帶有女生特有的細膩和敏感，有一定的品位。筆墨集中，不枝不蔓，通過想像，寫一位文人的身

世、感情和思想。觀點從材料出發，「懂你」的題意水到渠成，行文自然。可取的一點是，習作作者知人論世，多角度地分析評價，引用的詩文妥當，說明平時的閱讀有一定的深度，效果良好。

楊德成

CHAPTER **12**

青春詩頁

詩意地生活　靈動地表達
——中學生新詩寫作指導摭談

江蘇省南菁高級中學 劉正旭 過建春

（劉正旭：江蘇省中學語文高級教師；過建春：江蘇省中學語文特級教師、校長）

　　有人說，在這樣一個金錢裹挾著欲望的粗俗年代裡，談論詩歌是一件很奢侈的事。我想，除了自嘲、遺憾、失落，這裡還有深沉的期待！期待詩歌的復興，精神的覺醒！——謝冕老先生說，「詩歌塑造民族的靈魂」。燦若星河的古典詩歌，創造了多少讓人魂牽夢縈的意象，蘊含了多少讓人唏噓歎惋的情感，浸潤了多少讓人回味無窮的思想！擲地有聲的中國二十世紀新詩，帶給了我們多少令人激奮、令人扼腕、令人沉思、令人迷醉的力量！在這個意義上看，復興式微的詩歌，語文教學責無旁貸，中學生義不容辭！

　　對語文教學和中學生而言，讀詩、賞詩、寫詩是有效的途徑。因著高考的原因，相較讀詩、賞詩，寫詩是我們的軟肋。拋開格律要求嚴格、功底要求深厚的古典詩歌不論，中學生怎樣才能寫好新詩呢？

一、要有一顆「詩心」，詩意地感知生活

　　詩心是純真之心。詩與金錢權術無關，詩也與狡詐欺騙無涉。正如一個眼裡、心裡裝滿銅臭和欺騙的人寫不出好詩，一個眼裡、心裡只有教材和分數的中學生也是寫不出好詩的。當我們用和孩子一樣純真之心

看自然，就能在拂面的微風裡看到春天的腳步，就能在沙沙的細雨裡聽到大自然的歌唱，就能在西斜的落日中尋找到媽媽的笑臉。「我不去想，是否能夠成功。既然選擇了遠方，便只顧風雨兼程。」如果汪國真執著於成功的結果，是寫不出如此質樸、近乎直白又蘊含奮鬥激情的詩句的。

詩心是敏感之心。大雕塑家羅丹說，生活中從不缺少詩意，而是缺少發現詩意的眼睛。在敏感的指揮者眼中，自然界的梧桐細雨、春韭黃粱、風吹草搖、長河奔流、星移斗轉，生活中的遠方來友、奇文共賞、餐桌上的鮮花、早晚的電話，都可以是詩歌創作的靈感來源。顧城看見山路邊一朵花開了，敏悟之心有所觸動，把它寫下來了：「在山石組成的路上／浮起一片小花／它們用金黃的微笑／來回報石塊的冷遇／它們相信／最後，石塊也會發芽／也會粗糙地微笑／在陽光和樹影間／露出善良的牙齒」（顧城〈小花的信念〉），這自然是詩了。

詩心還是熱情之心，對生活的熱情和對語言的熱情。對生活有熱情，才可能產生或喜或悲或哀或樂的種種情思；對語言有熱情，才可能將這些情思或莊或諧或巧妙或直白地表達出來。所以才會有人說感情是詩歌的催化劑。如果觀海時能感受到胸襟的開闊，登山時能體味到成功的艱辛和喜悅，賞月時能聯想到詩人對月歌吟裡的鄉思，對菊時能想到不畏秋寒的高潔，那麼詩就已經呼之欲出了。

須知，真正的詩心不是讀一兩首詩就能擁有的，它是一種心境，一種生活態度，它隱藏在生活的一個個細節中。如果我們習慣帶著純真之心、敏感之心、熱情之心去看待人世間的萬物，「詩心」就開始進駐你心間了。

二、要懂一點「詩道」，詩化地安排構思

所謂「詩道」就是作詩的規律、主張和方法。眾所周知，無論是古典詩歌，還是現代詩歌，都可以看做是情思的舞蹈、語言的盛宴。既是舞蹈，必講究舞步；既是盛宴，必重視組合。我以為中學生學寫新詩至少也要懂得兩個方面的「道」。

一是新詩寫作的一般步驟。有研究者指出，詩歌寫作有這樣三個階段，「靈感—尋象—尋言」；也有論者認為詩歌寫作遵循「發現—構思—表達」三步法。這兩者其實是異曲同工的。對初學寫詩的中學生來說，「三階段」、「三步法」著實有用。當我們發現靈感之後，要及時地將其轉化為詩歌意象，然後再將意象詞語化、文字化，一首詩就形成了。在這個過程中，最重要的是培養一種把抽象情感有形化，把內心體驗意象化，把內心感受詞語化的感受能力和表達能力。古人云「熟讀唐詩三百首，不會作詩也會吟」，多讀多積累應該是提高這種能力的最直接有效的方法。

二是聯想想像的基本思維。詩歌的內容必須是能夠由此及彼，由表及裡，由形入神的。所以學習寫詩應該從培養自己的聯想和想像能力入手。看到一種事物可以尋找和它有關聯的事物，可以是外形上有關聯的，也可以是內在精神實質上有關聯的。比如看到圓可以聯想到月亮、太陽、月餅、古井等具體事物，進而可以聯想到親人的團圓、生活的周而復始、圓滿的結局和夢想等等有內在聯繫的內容。余光中在〈鄉愁〉從廣遠的時空中聯想了四個意象：郵票、船票、墳墓、海峽。這些聯想是單純的，是明朗、集中、強烈的，沒有旁逸斜出意多文亂的蕪蔓之感；這些聯想又是豐富的，不是堆砌，而是含蓄，而且能誘發讀者多方面的聯想。作者把聯想的內容進行組合，以時間的發展來綜合意象，「小

時候」、「長大後」、「後來呵」、「而現在」，這種表時間的時序像一條紅線貫串全詩，概括了詩人漫長的生活歷程和對祖國的綿綿懷念，可謂絕妙的聯想與想像。培養聯想想像的能力，可以結合詩歌寫作進行，也可以進行單項訓練。而單項的聯想想像的訓練，操作起來更加靈活。比如，隨性找出幾個詞語，然後寫出語意相連的一段話。

三、要講一些「詩技」，詩性地表達情感

詩歌的技巧本質上應該是語言表達的技巧。中學生寫新詩，提高語言的張力是最基本的路徑。所謂有張力，就是能夠用有限的詞彙、句子，勾起讀者無限的遐想，留給讀者進行再創造的空白空間。比如海子的〈面朝大海，春暖花開〉：「餵馬、劈柴、周遊世界，」簡單的七個字，深刻地表達了作者所想要的那種乾淨、明朗的生活，耐人咀摸尋味，叫人浮想聯翩。

錘煉字詞。煉字不是古詩的專屬，任何一種文學樣式概莫能外。新詩自然也要講究，特別是對動詞的錘煉。「列車割破大地/在它紅色的傷口上飛駛/我的心落後於傷心列車/與它背道而馳/當黃昏的風響起/乘客們再次核對時刻表/我像烹製晚餐那樣/醞釀著落日時分的/唐朝心情」（《於堅詩選》），動詞「割破」的使用相當成功，不僅寫出飛馳的狀態，更蘊含一種沉痛的領悟：物質飛速發展損害了孕育精神的土地。詞類活用也常常使詞語更有張力。「左邊的鞋印才下午/右邊的鞋印已黃昏了」（洛夫〈煙之外〉），「下午」、「黃昏」由名詞活用為動詞，意象一下子生動起來。

巧用修辭。修辭是化抽象為具象，化生疏為熟悉的最好方法，也是增強詩歌語言張力的最直接方法。因此，寫詩需要多姿多彩的修辭。有時候，一個新穎的比喻，一個奇特的想像就是一首詩。新詩裡特別有意味的是「錯接」，「錯接」就是打破詞語銜接的慣常結構，重新組合一種新的詞語銜接模式。舉個例子，把「花朵枯萎了」，「雪花融化了」這兩

句話相互錯接，變成「花朵融化了」「雪花枯萎了」，讀起來則是另一番味道了。再如，「月亮有毒/你舉目望明月的時候/你就已經中毒了/你最好的辦法就是忘記月亮/特別是要忘記唐朝的月亮」（黑岩〈月亮有毒〉），「月亮」和「毒」的「錯接」，事實上包含了詩歌傳統中月亮的悲涼內涵。

妙合意象。妙合意象，就是利用漢語詞語多變的詞性和組合關係，機智地把一些可以是互不相干的詞語嵌連成一首詩。「鳥兒在疾風中/迅速轉向/少年在撿拾/一枚分幣/葡萄藤因幻想/而延伸的觸鬚/海浪因退縮/而聳起的背脊」（顧城〈弧線〉）。四句話，四個快速的蒙太奇鏡頭不斷地跳躍。通過跳躍的想像由「鳥兒」聯想到「少年」，由「少年」想到「葡萄藤」，「葡萄藤」再聯想到「海浪」，把互相不連貫的四個意象巧妙組合，共同置於它們的共性——「弧線」之下，從特殊感覺出發進行深度意味的探索，使「弧線」成為一種可以供欣賞的詩意想像。

重組句子。語言的張力還源自語言的陌生。稍稍改變句子的形式，重新組合句子，就能起到陌生化的效果。「就像死亡那樣肯定而真實／你躺在這裡。十字架上漆著／和相思一般蒼白的月色」（周夢蝶〈十月〉），這是一倒裝句，原句應為「你躺在這裡/就像死亡那樣肯定而真實」。把「你躺在這裡」放在開頭一行，未嘗不可，但讀來索然無味，接下來的詩句就成了絕對「自然」的鋪排，和「文」無異，產生不了「詩」味，也沒有現在能感受到的突如其來的力度。句子內部結構的調整，達到了增強語言張力的目的。「輕輕的我走了/正如我輕輕的來」（徐志摩〈再別康橋〉）也有異曲同工之妙。

初學寫詩的中學生，適當地進行縮寫、改寫練習，可以錘煉語言的張力。〈今生今世的證據〉是劉亮程的一篇哲理散文。筆者指導學生把該文改寫為這樣的詩歌：「我走的時候，我還不懂得憐惜曾經擁有的事物/我走的時候還不知道向那些熟悉的東西告別/我走的時候，我還不知道曾經的生活有一天會需要證明/一個人內心的生存誰又能見證/我回到

曾經是我的現在已成別人的村莊/但我回家的腳步邁上了虛無之途。」既方便理解劉亮程的文章，又體驗了新詩語言的獨特魅力。這個方法值得大家嘗試。

　　吟安一個字，捻斷數莖須，寫作非一朝一夕之功，新詩寫作亦如此，但只要戒匆忙浮躁，有詩心，善聯想，推敲琢磨語言，終會在詩歌王國自由馳騁。

河流（外一首）

張哲

江蘇省南菁高級中學二〇一三屆
現考入清華大學

我曾試圖將這條河流分成幾個段落

上游，中游，下游

卻發現每一釐米的前進

都要受到河岸的左右

可我不能回頭

河流無法回頭

只能將最柔軟的身體

彙聚成最剛猛的撞擊

一下，兩下，三下

用寸土不讓的執著

將大陸塑造成想要的形狀

然後毫不猶豫地離開它

去往

更廣闊的汪洋

無盡的山

我以為面前是無盡的山

一座，又一座

橫亙在我面前

有時山上有石階

我便站在絕壁之上

看那些無石階可上的人

掙扎著攀援

我是心虛的

有時山上沒有石階

我掙扎著攀援在絕壁上

仰頭望上面的人

看不見他們的表情

只能咬咬牙

把身邊的石頭抓的更緊一些

終於有一天我翻過一個山頭

看見一條河流

她那麼歡快地奔流

我以為到了山的盡頭

於是也跟上了幸福的節奏

可是河流的那邊

仍是無盡的山頭

起航
——致四川震災中失去親人的人們

戚如詩

江蘇省新海高級中學二〇〇九屆
現就讀於中國農業大學

海角天涯

四面八方

我們在祈願

苦難的人們

勇敢走向遠方

悲傷 前進的力量

災難 壓不斷龍的脊樑

勇士 不可阻擋

英雄 無畏淚光

起航

帶著生活的希望

駛向遠方

我們的親人在天堂

看著我們

遠航

指導教師 吳海軍

離別葬花

江蘇省贛榆縣屬莊高級中學二○○六屆 趙婷婷
現就讀於清華大學

如果要用一種顏色來形容此刻，
我想，是藕色。
駝色攪拌牛奶，黑夜踩躏汗腺。
勿忘我的冷豔繚繞桌子邊緣冰咖啡的神秘。
很久之前愛上冰咖啡，
汪曾祺前輩曾那麼讚美過土豆，
我藉此形容對咖啡。
如果，有一天我不再即溶，
人生一定已經足夠的華麗。
下午被問到是否喜歡南京。
很久不敢去說喜歡一個地方。
但我還是回答喜歡。
歷經滄桑，十代都會。
三國鼎立，六代興替。
王朝的曲終幕落，無雙的巍巍城垣；
晚清的落寞受辱；太平天國的風雷激蕩；
辛亥革命的奔突迂回；抗日戰爭的野蠻血腥……
俯仰歲月，迎迓遠近；鬱鬱鐘山，滿紙煙霞。
能有什麼理由拒絕這所有的震撼。
雖然，現在、未來，終究離開。
時間卻讓我身心瓦解徹底淪陷——
走在街上，和以前一樣認真看著擦身而過的車，
某牌某款某系某型某版……
保持那最底層最深處最徹底的瘋狂與陶醉。

用冷笑話的心情去處理生活的淩亂如麻偏離常軌。

和以前一樣的喜歡喝酒，

只是不再拒絕過量帶來的純粹。

聽著最潮最 high 的流行音樂讀最嚴肅的歷史。

和以前一樣喜歡最高品質。

一直換播放機，一直追求 Hi—Fi。

幻想某天房間堆滿 CD，我塞著耳機對世界說放棄。

Maybe，我的內心是集體宿舍彝

宅女、神經、書蟲、潑婦、淑女、大媽、蘿莉、妖精，

強人、熟女、天使、惡魔、土 ⋯⋯輪次無規律可循，

比重雜亂無章，的，當著宿管員⋯⋯

十天后，我將離開南京，

不跟任何人說永別；

恍然大方的放下一切，輕裝上陣。

你說，似水流年才是一個人的一切，

是嗎，是嗎，是嗎？

那麼從現在開始，

就讓我一直活在離別中，

和愛的人，和傷害，和時光。

瘋狂柳絮隨風舞，輕薄桃李逐水流。

天亮驚醒的時候，我，依舊，能夠，瞥見絕美的陽光。

指導教師 韋慶英

陽光‧微笑

單蓉

江蘇省贛榆高級中學二〇一三屆
現考入河南大學

陽光很暖，似夢的碎片

微笑很美，如綻的瓊花

迎著光

感受陽光的心跳

幸福的微笑幻映出苦難的容顏

逆著光

觸摸陽光的側臉

苦難的道路是幸福的別樣容顏

陽光下的我們

茫然地邂逅了難過

笑著笑著突然有淚珠滑過

成長總是一道明媚的憂傷

光的流年裡

我們留下最迷人的微笑

然後平靜地漸漸走遠

或許

再也不見

分你一半心跳

閆明

江蘇省贛榆高級中學二〇一三屆
現考入吉林大學

你笑你跳，你學著金魚吐泡泡

你哭你鬧，你任性得無可救藥

我看我想，我感受著記憶的美妙

我踱我跑，我摒棄著寂寞的打擾

原來你就是我的嗜好

我就是你缺的那個角

因為你的存在友情漫畫才變得搞笑

因為你的信賴生命彼此才得以依靠

你說生命萬一偷偷跑掉

我說我想分你一半心跳

結果你的眼淚濕潤了眼角

青春百貨裡

謝謝你和我作為同一型號

哪怕還沒注冊商標

你在我心裡永遠那麼至關重要

我想真誠地為你祈禱

這輩子你會快樂到老

呵護靈魂自由的火苗
——語文教師與高中生詩歌創作之我見

贛榆縣厲莊高級中學 韋慶英

（江蘇省中學語文高級教師、詩人）

一

什麼是詩歌？

純粹一點說呢？詩歌是最直接的文學樣式，是生命最純粹最高妙的撫慰與溝通，是對語言限度的置若罔聞和對語言潛力的極限引爆，是以有限經驗事實抵達無限先驗世界的終極藝術。

高中生寫詩歌意味著什麼？

高中生寫詩歌，那是他們剛剛長成的靈魂竄出了自由的火苗，稚嫩、微弱、勇敢而又羞縮。他們的文筆，幾乎和文學無關；他們的靈魂，卻是與詩人一般無二的忍受著青春的熾熱、表白的欲望、詞不達意的尷尬和創造乾坤的衝動。他們如癡如醉，熱忱又激動的擺弄著詩行，以為已經魅力四射了，於是拿給自己喜歡的老師，請求指點……

高中生寫詩歌，還意味著，因為對生命的熱愛和文字的崇拜，他們暫時忘記了考試、升學和分數。直到現在，高考仍然沒有接受詩歌，當然這與詩歌的超乎尋常的自由表現形式有關，但這讓許多語文教師在寫作教學過程中也刻意地回避了詩歌，這是毋庸置疑的功利。但是，他

們，還是寫了。

所以，我說呵護，而不是指導。

二

是的，我說的是呵護，而不是指導。

其實不僅僅是詩歌的創作，學生的習作，無論哪一種體裁，都需要老師用呵護的態度來對待。

試想一下，有多少孩子會在指責與挑剔裡變得勇敢和熱烈？

高中生思想與情感漸漸豐富，他們除了完成老師在課堂上的作文要求，還會渴望一點點個性的自我的表達，於是，他們中的一少部分，選擇了詩歌這個出口。他們的詩歌創作，恰彷彿是小學生的作文，可能會有這樣那樣不盡如人意的地方。所以，我說呵護，而不是指導。

三

我說呵護。聰明的，您一定看出來了，呵護的前提是心裡要有愛。有愛就會有理解，就會有接納，就會把要求降到最低把包容放到最大。

每當看見學生交來的作業裡，夾著形式多變的小紙條、大紙條，上面或長或短或工整或歪斜地寫著所謂的詩，我都格外謹慎地把它們收好。為什麼？詩言志、詩傳情，詩歌本是貼肉穿心的表白，對於十七八歲的青少年來說，詩歌是他們用嶄新的生命感受人生與社會生活之後滿溢出來的精神甘露，是他們在當今目的性鮮明程式化強烈的校園生涯裡自發燃起的自由火苗。

對於學生的詩歌習作，無論他們寫得好與壞，我都堅持認真閱讀，真誠溝通的原則，並且鼓勵為主，修改為輔。

學生都有一定的向師性，他們把自己的靈魂之作交過來，傾向已經很明顯。他們雖然是孩子，但一樣是一個完整的獨立的個體，做教師的，首先要在精神上平等的對待他們；而作為學生寄予期待的語文老師，和他們溝通的時候，更應該本著真誠、平等的態度。輔導課、課間、甚至課堂較長時間的練習間隙，都可以用來與學生進行簡短或仔細的溝通，時間長短與交流的場所由教師靈活把握。只要老師拿著他們的詩歌，喊他們交流了，他們都是很快樂的。

真誠的溝通些什麼呢？

對待學生的詩歌作品，和其它形式的創作應該略有不同。教師與學生的交流，可以儘量避免純文學理論的講解，更不能拿成套的詩歌理論對著學生的作品一一對號，這不符合那不符合，不用三板斧，學生就給殺得大敗，從此覺得詩歌仰之彌高，那樣，語文老師就罪莫大焉了！可以先肯定他的愛好，喜歡文學創作是值得讚美的；也可從學生創作的題材上介入談話，詩歌是最直接最純粹最靈性的文學樣式，很高興你進行這樣的嘗試；再或者，從寫作的題材來談，你的詩歌我讀了，很有點意思，你能說說，為什麼要寫這個話題呢？再或者跟學生說，這首詩我讀了以後的感受是什麼，你寫作的初衷是這樣麼？就事論事，就詩論詩，起點一定要低，不上升，不否定，在這樣的溝通交流中，可以和學生一起反復的朗讀這首詩，這樣，不用老師直接說，學生也能感受到自己作品不盡如人意的地方了，最後說，你再琢磨琢磨，我給你改了，怕遠離了你的意思，你自己再修改修改，一定能成為佳作。這樣，他們不但不覺得被否，反而很受鼓舞。

也有第一眼看，就是不錯的好詩了。那就更好了，也不必急著去談及詩歌創作理論，就和學生談談興趣、愛好，肯定他們並鼓勵他們堅持創作就足夠了。

四

　　是的，理解、接納、包容、鼓勵，這是筆者面對詩歌創作愛好者的第一步。文無定法，詩更甚。尤其面對的是代表未來力量的青少年創作者。因此，即便師生接觸得頻繁了，我也很少跟他們講詩歌創作的理論知識，實在需要，也只是講一點常識的東西。為了提高，我更願意推薦他們閱讀有代表性的作品。

　　根據學生自己創作的特點，介紹他們讀一些成熟詩人的作品。文學的相通性尤其是詩歌語言的巨大張力和靈性，會帶給他們閱讀的快樂，這體驗的本身，就非常寶貴。常常的，在課堂上，我的學生，會把他們正在閱讀的詩集，放在課桌顯眼的地方。群眾的力量是巨大的，說實在的，有些書有些版本，我見都沒見過，他們不知道從哪兒鼓搗來了。中學生，雖然他們情感豐富、思想也日漸成熟，但他們，畢竟還是孩子。書放在課桌上，就是在給老師看，就是在悄悄地告訴老師——老師，你看，我在讀這個！那麼，好吧，給予一點關注，讓他們得到期待中的鼓勵。趁任何空閒的時間，拿起他們的書，翻一翻，有時間的話甚至可以讀一會，如果確實沒讀過並感興趣甚至可以管他們借來讀，最簡單的，也要在放下書本的時候看著她或他，笑一笑，點一下頭，或者說一句，書不錯！這些，就夠了。這就相當於他們奔跑的時候你大聲喊了加油，相當於他們起飛的時候你刮起了恰當的風，相當於他們開花的時候你閉上眼睛享受得聞了那麼一下下……努力是他們自己的，老師，只是輕柔地呵護與扶持。

五

　　當然，如果有條件，適當地給予學生展示的機會，在班級、在校報

校刊，甚至推薦到更高級別的刊物發表，那是對學生詩歌創作最好的呵護與扶持。

筆者在寫作教學上常常喜歡跳脫一些的做法，只要學生出自真情的習作，無論什麼題材，都會給予讚賞。作文評講課上，偶而也會讀學生的詩歌，首先告訴他們，體裁是不符合作文要求的，如果應試，將會被槍斃，同時告訴他們，這樣的作品自身的美和價值，甚至也會將自己相類題材的詩歌一併朗誦，創造師生同樂的詩歌寫作氛圍。

面對高中生詩歌創作，語文教師能做的，或許真的不是指導，而是用心去做學生靈魂的讀者和朋友。

以上所述，只是實踐，算不得經驗；只是感受，談不上理論。寫下來，與廣大同仁分享。

別吧，好走

程傑

江蘇省新海高級中學二〇一三屆
現考入南京師範大學

別了

別吧

我親吻你的傷

卻擦破我的唇

我擁抱你的心

卻紮痛我的手

我是顆流星

造訪你的夜空

別擔心

我一會就走

我沒有牽起你的手

離開時瀟灑著不顫抖

我沒有牽起你的手

幸好沒有

我沒有睡進你的夢

所以你不會等候在街口

我沒有睡進你的夢

幸好沒有

我沒有潤濕你的眸

夕陽很快蒸發你的愁

我沒有潤濕你的眸

幸好沒有我凝視著你

你背對著我

堅守著 不要管我

不要回首

或許明天

我會欣慰

你沒有回首

幸好沒有

幸好沒有

指導教師 張永慶

被風吹過的夏天

程丹妮

江蘇省新海高級中學二〇一三屆
現考入河海大學

說再見的夏天，

是各奔前程的季節，

曾奮鬥曾努力曾許諾青春，

在一池夏水蕩起漣漪，

撥動友情的心弦；

不捨，離別

最精彩的夏天，

是珍惜相聚的季節，

相鼓勵相陪伴相展望未來，

在墨洗夏夜擷取星辰，

展開夢想的翅膀；

攜手，翱翔

這是被風吹過的夏天，

那風，

叫做青春。

指導老師 王新霞

城殤

李阿楠

江蘇省贛榆高級中學二〇一三屆
現考入東南大學

夢還在蔓延

回到昨天

那片凋零的緣

雨紛飛了天

打濕了你的油紙傘

我還在淺笑

那煙火無知的璀璨

腳下的青石板

踏盡情怨

淚水漸被風乾

翹首烏篷船

村落旁的老茶館

伊人歌聲婉轉

不覺唱斷了弦

靜立遠瞻

樓閣雨煙

誰借我一片思念的簽

畫下遲暮的殘

陌上殘葉

張南寧

江蘇省贛榆高級中學二〇一三屆
現考入江南大學

蟬折斷了翅膀，

飄落在了即將凋謝的枯葉上。

六月的霏雨已不復而至，

淒婉的深秋悄然而至。

望著你遠去的背影，

我心中猶如有一塊寒冰，

凝固了我紛飛的思緒。

你走時，是那麼的堅定。

而我只有自己默默地

含著苦澀的淚水。

春天的新柳是你飄逸的長髮，

粉面桃花猶如你迷人的丹唇。

在那清河的柔波里，

漂著幾片剛剛被風

吹落的花瓣，

我看到了你含情的笑靨，

那是你不在回首的痕跡。

夕陽隱沒了你的雲影，

而我
卻依然守候在
那個曾經與你
相約的季節。
風依然在吹，
吹落了秋天裡的最後
一片枯葉。
那是一張枯黃的扉頁，
在那上面，
永遠殘留著你我
共同寫下的每一天。

寫在盛夏光年裡的友情

李啟明

江蘇省贛榆高級中學二○一二屆
現就讀於北京財貿學院

如果，

時光的清流

能夠洗去昨日的鉛華

我好想問

你掌心裡的木香花

還依然盛開著嗎？

回憶多像是一個醉人的童話

我們的青春──

在年少時發芽、開花

經歷過許多風吹雨打

最後的最後，

零落成泥，被歲月幻化

風車安靜地搖曳著

再次輪回到那個初夏

依舊是那條彎曲的小路

蔓延著，

我們曾一起走過的

璀璨年華

路旁的一朵小蘭花

見證了我們友誼的萌芽

曾經牽手漫步過的花藤下

埋藏著我們的瓶中沙

曾經背對背仰望過的半月牙

懸掛著我們的心裡話

遠方的你

請告訴我現在，

是在多麼遙遠的天涯？

讓我安靜地牽掛

如果，你也在同樣思念著我

就讓夏日的風告訴我──你的回答

指導教師 臧文淑

後記

作家王英琦在《文學不浪漫》中談到她在創作《守望靈魂》時的痛苦：

讀這一段文字，令人心理上產生一種震撼。我們對優秀作家的創作有著深深的理解，那就是作家創作是和作家的精神緊緊聯繫在一起的，絕不是在玩幾行文字遊戲。中學生的寫作由於閱歷和經驗的不足，在寫作時不可能像作家那樣在情感、智力、精神等方面那樣投入，但當他們在運用語言和才情時心中也會激蕩和鼓動言語生命的動能，通過記敘、描寫、議論、抒情或者說明，來傾訴或者宣洩他們的情緒，抒發或者表達他們的看法，描寫或者說明觀察的事物，分析或者批判接觸到的文化現象。在這些記敘、描寫、議論、抒情或者說明中，他們逐漸成長起來，成熟起來。總之，寫作，關乎生命的成長。

漢語言文字表達，具有生命的屬性。一個「文」一個「字」，都是生命的形象。漢字寫作，就是把一個個「文」和「字」連綴起來，也就是把一個個生命的形象連綴起來。因此，文章就是生命的直接體現，是自成一體的精神生命。在寫作過程中，由於寫作者的氣質、精神和思想佈滿文章的脈絡之中，因而又體現了寫作主體的自身生命形象。

學生運用的是漢語言文字，吐納的是個人的思想、情感和看法，通過表達來與外界交流，認識世界，建立起自身對外部世界的意識，在一

個獨立的專屬的領域內獨享屬於自己的寫作空間。當外部的世界在學生內心深處引起了情感的共鳴之後，學生的生命開始律動，情感開始起伏，於是，學生開始追尋生命的意義，開始追尋心靈表達的突破口，開始尋找表達的方式，開始用文字營造那片富有生命意蘊的綠色。於是，寫作就成了學生生命存在的一種方式。

因此，我每次閱讀或者修改一篇作文，如同作者促膝相談，面對面地感受到了生命的呼吸，彷彿聽到了青春生命拔節的聲音。

寫作就是這樣，一個靈感突然降臨，一個巧妙的構思就會誕生；一段溫暖突然浮現，一篇動人的故事就會編織；一片思維突然打開，一道生命的彩虹就會架起。

寫作就是生命的傾訴。作家陳染在讀大學的時候曾和幾位同學利用暑假到湖南農村住了一個星期，感官受到很大的衝擊，那個村子村民都姓麻，在那裡房門都是敞著的，木頭濕得發黑，到處都是紅泥地，下雨天人人都光著腳，提著鞋，晚上蚊子多得要用毛巾蒙著頭才能睡覺。對城市裡的人來說，感覺非常奇特，原來世界上還有這樣的居住環境啊？新奇感促使他要把生命的體驗傾訴，於是就有了《紙片兒》等小說。

遲子建以母性的情懷創造了一個溫馨的充滿人情人性的文學世界，在這個文學世界裡體現了她高貴的人性立場。她用生命的體驗和文化想像去感悟和書寫生動活潑的民間生活，展現出獨特的人性風采。她在生活中尋找生命意識的獨特個性，同時又在創作中體現了她的心靈世界的觀照。

在閱讀學生的文稿時，我的內心常常產生一種激動。彷彿摸到了那青春的脈搏，彷彿聽到了那真誠的呼喚，彷彿理解了那思辨的睿智，彷彿看到了那純真的笑容，彷彿接受了那熱情的傾訴。他們那真誠的袒露、溫馨的表白、內在的覺醒，都在證明著這些學子們精神家園的豐富和充實。他們的寫作表達的過程正是生命反思並成長的過程，也正是以文字的形式物化和提煉自己的生命歷程的過程。朱光潛先生所說的人在

寫作上進益的程式有「疵」、「穩」、「醇」、「化」四境，實際上也是寫作者精神歷練和胸襟修養的發展過程。這也正是「筆尖上的成長」的涵義。

由此，我理解了許多語文教師積累了許多學生的優秀作文，這正是對青春生命的尊重。像張永慶、王曉青、張長松、李濤、張團思、張進、王新霞、李春芹、吳海軍、席紅、周益智、臧文淑、王經軍、仲玉梅、徐謙、徐維剛、錢駿、胥照方、劉正旭、唐步榮、王傳軍、唐振海、郁紅劍、周豔、馮新海、郭祥聖、沈玉榮、楊燕、桂榮、周景雨、濮小平、王曉華、吳生友、王金林、蔣遠兵等。學生的每一篇作文都是生命的一段經歷，都是情感的一次完善，審美的一次昇華，向語文老師的一次傾訴。語文老師應該惜之，珍之，藏之。對待學生作文的態度，反映了一位老師對待生命的態度，對待學生成長的態度。但是，我們也看到，有的語文老師教了幾年、十幾年，甚至二十幾年，竟然連一篇教過的學生的優秀作文也沒有保留，這真是一件令人遺憾的事情。

我至今還保留著我的學生的一些「摘抄本」、「日記本」、「作文本」，還保留著近兩百篇優秀作文和我當年的評語。有時候拿出來翻翻，就會回憶起當年他們的上進、天真、幼稚、可愛、調皮、樂觀、苦惱等，看到今天的他們已經是獨立地做人，有的搞建築設計，有的從事艦艇研究，有的鑽研電腦技術，有的成了法官，有的評上教授、有的當了教師……幸福感油然而生。我有時在他們當年的「本本」裡尋找生命的信號，試圖發現「強大」的萌芽，就會進一步理解「筆尖上的成長」的深刻內涵。

我主編這本書就是懷著對青春生命尊重的態度進行的。我把全書分為十二章，每章確立了一個主題。各章主題是：文字感覺；審題立意；真情實感；思想厚度；時事評說；睿思哲理；論證結構；想像聯想；修改潤色；細節描寫；文化氣象；青春詩頁。不難看出，這些「主題」的確立，都圍繞著「生命的精神吐納」而思考。

所收的作文儘量選擇近年高考高分作文、滿分作文，或者近年在大市級高三模擬聯考中獲得滿分的作文，或者近年在省級以上作文大賽中獲得一等獎的作文。以近三年尤其是當年高中畢業生的優秀作文為主，每篇以一千字為宜；作文後由指導老師撰寫兩百字左右的評語，評語不面面俱到，能夠體現特色，突出該欄目所收作文的重點，富有個性化。這些學生已經考上了「九八五工程」大學，或者考上了「二一一工程」大學或國外名牌大學。當我的眼睛掃描到了這些名校的資訊，目睹著青春可愛的面龐，我的眼前彷彿出現了一片高大蔥茂的樹林，令人欣喜。而這作文也許就是「林中響箭」——青春生命的響箭。

　　「修改潤色」一欄需要提供第一稿和修改稿，第一稿和修改稿都需要指導教師點評，客觀地指出存在的問題和修改後達到的新水準。細心的讀者會發現，其中作文提升的奧秘。

　　考慮到「時事評論」是高中作文教學的短板，我設計了兩節，請名師撰寫了兩篇指導性的文章。遲子建說：「想像力是寫作生命的火種。」

　　考慮到高中學生需要思維的飛躍和靈動，需要發動創新的引擎，在呆板的課堂上有著靈性的張望和前行的躍姿，故而把「聯想」和「想像」分別安排了指導，請兩位特級教師分別撰寫了有關文章。新詩欄也分兩節，撰寫了兩篇指導性文章；儘管高考一般不考詩歌，但專設此欄，希望能夠給高中生搭建一個歌吟的平臺。這也是在內容安排上突出的重點。

　　我向在四星級重點高中校的語文界的朋友約稿，受到大多數語文名師的支持，他們在酷暑盛夏不辭勞苦，聯繫作者，克服了一系列困難。贛榆高級中學校長、特級教師莫立剛和副校長、特級教師王經軍在接到約稿函之後，專門召開了語文教師會議，研究如何挑選品質好的稿件；薺菜花文學社指導教師臧文淑專門組織了十二篇佳作；文字功夫很好的、對語文教學很有研究的趙仲春撰寫了一篇關於「思想厚度」的指導文章；南京十二中特級教師、教授級中學高級教師靳賀良先生，是我省

資深高中語文人，我多次和他一起擔任江蘇省「中學生與社會」作文大賽評委，是我信得過的學兄，我請他撰寫第一單元「文字感覺」作文指導文章，作為「壓卷」之作，當我讀到他的來稿之後，馬上發了短信：「靳老好！大作拜讀，激動不已，此正是我所期待之文。透徹！精闢！生動！」陳廣團老師代我向鹽城中學、常州高級中學、徐州一中、常熟中學等名校約稿，使這本書的稿源分佈更為廣泛，更能體現江蘇的高中寫作水準。特級教師、教授級中學高級教師曹伯高已經擔任興化市教育局長，接到我的約稿函之後非常重視，責成沈玉榮老師落實組稿之事，細心而又富有責任心的沈主任精心挑選作文，規範地整理出稿件。如皋中學特級教師、教授級中學高級教師王學東在接到約稿函之後，應邀撰寫了關於「文化氣象」作文指導稿，考慮到他自己已經退休，作文組稿特委託如皋中學語文組長郭祥聖老師作了周密安排，郭老師把選好的十二篇優秀作文編排好發給我，這使我非常受感動。海安高級中學副校長、特級教師、教授級高級教師錢俊元責成語文組周萬喜老師組織了一批品質較高的稿件。素不相識的南菁高級中學校長、特級教師、教授級高級教師過建春接到我的約稿電話後，不僅撰寫了新詩作文指導稿，而且還組織了本校一批優秀之作。東台中學王兆平校長，也是特級教師和教授級高級教師，既撰寫了作文指導稿，又組織了優秀之作。當我發短信表示感謝之後，他發來唐朱慶餘的詩句：「畫眉深淺入時無？」非常謙虛，我即用唐張籍的詩句回復：「一曲菱歌敵萬金。」

　　南京十三中的語文組長、特級教師、教授級高級教師曹勇軍老師安排了語文組王傳軍老師落實此事，王傳軍老師工作非常積極。我請老同學、南京五中的沈中堯老師撰寫「修改潤色」部分作文指導稿，他不怕麻煩，先後寄來兩稿，體現了一位語文特級教師、教授級高級教師的風範。素昧平生的淮安市特級教師卜廷才老師從他的學生汪家華老師那裡得知此消息，專門寫信給我，要求「參與其事」，為本書撰寫了時評寫作指導稿。海州高級中學校長、教授級中學高級教師周豔在百年老校組

織了二十多篇優秀作文。東海高級中學周景雨老師是有名氣的作家，發表過很多有品質有影響的散文和小說，接到我的約稿函後，組織了十篇優秀作文。灌南高級中學副校長、連雲港中語界新秀楊帆在灌南高中也組織了十多篇優秀作文。新海高級中學語文特級教師張勇在文稿把關方面提出了許多有益的意見，為提高本書品質作出了貢獻。

在學校選擇和推薦的基礎上，我再進行二次審稿。最後全書收入來自二十所重點高中的優秀作文一百九十八篇，三十二萬餘字；稿源分佈在連雲港、南京、鹽城、南通、無錫、蘇州、泰州、淮安、常州、徐州等大市重點高中。稿件來源數量雖不太均衡，但有點有面，都來自名校，出自傑出學生之手，有的攻讀了碩士或者博士學位，所以作文的字裡行間閃爍著智慧之光，品質較高。

十二個單元有十五篇寫作指導性文章，作者中有九位中學語文特級教師；其它幾位，或者是在江蘇省首屆語文基本功大賽中獲得一等獎第一名的教師，或者是在省優質課賽課中獲得一等獎的教師，或者是參加江蘇高考命題的教師，或者以教科研見長的教師，應該說他們的文章既有一定的視界和眼光，又能結合高中作文教學實際。尤其感人的是，有的語文特級教師擔任領導職務，百事纏身，在接到約稿函之後，還仍然組織有關語文老師搜集和整理學生作文，甚至親自評點作文。體現了對學子的真摯熱愛，體現了對語文教學的眷眷之心，體現了對同道工作的無私支援，作為組稿者是深深地感受到的。

待我整理好書稿，再一次通讀之後，深深地感受著已經步入或者剛剛拿到高等學府錄取通知書的學子們青春的律動，分享著他們一段生命的感悟，感受著他們有靈性有境界的文字，我感到基本上體現了編此書的目標：

這本書呈現出江蘇四星級高中作文教學改革的成果；

這本書凝聚了江蘇幾十位語文名師作文指導的智慧；

這本書反映了進入中國乃至世界著名高校學子心靈的軌跡；

這本書將讓人感受近兩百位進入著名高校學子青春的律動；

這本書將喚醒大學名校學子高中階段拼搏奮鬥的溫馨回憶；

這本書將使人瞭解高中生在高考前的思考視角和觀察取向。

書稿成，向江蘇省教育學會常務副會長、省中語會理事長、全國著名語文特級教師陸志平先生作了彙報，請他作序，陸先生慨然應允，在此特致謝意。

李震

二〇一三年七月二十一日

編輯的話*

古人有兩句話，一說，字如其人；又說，文如其人。兩句話的大意，是書法以線條表達和抒發作者的情感心緒，而文章風格同作者性格特點相類似。兩句話其實也可簡化為三個詞：寫字、作文和做人。這兩句話三個詞，簡單明白，樸素淡雅，卻又你中有我，我中有你，渾然透出物我相融、拙朴性靈的中華哲學。

以關注人文教育、弘揚中華文化、服務全球華人為使命的華文出版社，理想宏大，卻正以這三個詞語構成我們的出版三部曲。從陶冶漢字之美入手，我們出版的中小學《書法》教材進入課堂，廣受歡迎；從「品史立人」出發，我們以「華文傳記」為品牌出版的一系列傳記作品，引人矚目。這裡奉獻給讀者的，恰是由「字」到「人」的「作文」橋樑——用筆尖寫出青春成長，用筆尖品味漢語之美，用筆尖品察心性脈動。

二〇一二年八月，我們推出了這套作文書的第一部：中國人民大學附中校長劉彭芝作序、陳蓮春老師編著的《筆尖上的成長：人大附中陳老師教你寫立體作文》。出版一年來，這本書受到中學老師、學生及家長的熱烈歡迎，在書店銷售排行榜也居高不下。據調查，受歡迎的原因，首先在於滲透了中學作文教改的新理念和新思想；其次便是關注這

＊編按：本文為簡體版之〈編輯的話〉。

立足於人、書寫成長，是心靈的自由帶來了作文的「解放」；第三是水到渠成的結果，書中作文的每位作者順利實現了自己的高考夢想，其中兩位還分別成為北京市二〇一二年高考的文理科第一名。

這次推出的《筆尖上的成長：中國名校名師選評作文》系列，延續了這由書到文、由文到人的立意，同時又體現了各自的特色。如北京四中卷、北京八中卷，再次呈現北京名校的作文教學優長；又如江蘇省卷、雲南省卷，則是薈萃全省幾十家著名中學的優秀作文；針對每篇作文，不僅有名師的精到評改意見，還有每位學子的介紹或感想。系列化出版的這套圖書，自北京起步，融匯全國，無疑構成當代中國優秀高考作文的「大合唱」。

不是每個人都能始終擁有成長的歲月，儘管成長可以跨過特定的青春時光；「作文不是生活的點綴，而是生活的必需」（葉聖陶語）。我們期望，這套凝聚全國優秀教師教學智慧、優秀學子高分作文的圖書，能成為學子們的青春記憶、成功助力。

本書編輯部
二〇一三年八月

筆尖上的成長　A0900007

筆尖上的成長：名師帶你讀作文　卷一　下冊

主　　　編	李震
責任編輯	蔡雅如
發 行 人	陳滿銘
總 經 理	梁錦興
總 編 輯	陳滿銘
副總編輯	張晏瑞
編 輯 所	萬卷樓圖書股份有限公司
排　　　版	菩薩蠻數位文化有限公司
印　　　刷	百通科技股份有限公司
封面設計	菩薩蠻數位文化有限公司
出　　　版	昌明文化有限公司

桃園市龜山區中原街 32 號

電話 (02)23216565

發　　　行　萬卷樓圖書股份有限公司

臺北市羅斯福路二段 41 號 6 樓之 3

電話 (02)23216565

傳真 (02)23218698

電郵 SERVICE@WANJUAN.COM.TW

大陸經銷

廈門外圖臺灣書店有限公司

　電郵 JKB188@188.COM

ISBN 978-986-94911-8-1

2017 年 5 月初版

定價：新臺幣 320 元

如何購買本書：

1. 劃撥購書，請透過以下郵政劃撥帳號：

　帳號：15624015

　戶名：萬卷樓圖書股份有限公司

2. 轉帳購書，請透過以下帳戶

　合作金庫銀行 古亭分行

　戶名：萬卷樓圖書股份有限公司

　帳號：0877717092596

3. 網路購書，請透過萬卷樓網站

　網址 WWW.WANJUAN.COM.TW

大量購書，請直接聯繫我們，將有專人為您
服務。客服：(02)23216565 分機 10

如有缺頁、破損或裝訂錯誤，請寄回更換

版權所有·翻印必究

Copyright©2016 by WanJuanLou Books CO., Ltd.

All Right Reserved　　　　　　**Printed in Taiwan**

國家圖書館出版品預行編目資料

筆尖上的成長：名師帶你讀作文. 卷一 / 李
震主編.-- 初版.-- 桃園市：昌明文化出版；
臺北市：萬卷樓發行, 2017.05

　冊；　公分

ISBN 978-986-94911-8-1(下冊：平裝)

1.漢語教學 2.作文 3.中等教育

524.313　　　　　　　　　　106008393

本著作物經廈門墨客知識產權代理有限公司代理，由華文出版社有限公司授權萬卷樓
圖書股份有限公司出版、發行中文繁體字版版權。